AF360420

BIOGRAPHIE

DE

MAXIMIN GIRAUD

BERGER DE LA SALETTE (1835-1875)

PAR LE

R. P. A. PARENT

Missionnaire Apostolique, à Nantes

ET

la "GRANDE NOUVELLE" du Secret de La Salette

Extrait des Numéros 66 à 72 du « PÈLERIN DE MARIE »

DIRECTEUR : **J. NALÈS**, 37, rue Saint-Placide, PARIS

Propriété réservée à cette Revue

PRIX : **UN FRANC**, *franco*

1913

LE PÈLERIN DE MARIE

REVUE MENSUELLE

des Pèlerinages et du Culte de la Très Sainte Vierge

A travers les Ages et dans tout l'Univers

Organe de diffusion des causes mystiques et spécialement du SECRET DE LA SALETTE et de la Thèse de la RÉNOVATION du genre humain.

ABONNEMENTS :

FRANCE. . . . . . **3 fr. 50** | ÉTRANGER. . . . **5 francs**

LE NUMÉRO. . . . . . **0 fr. 50**

Numéro spécimen gratis sur demande 

Tous les abonnements partent du mois de Juin

La 7ᵉ année a commencé en Juin 1913

Adresser Mandats et Correspondance au Directeur:

J. NALÈS

37, Rue Saint-Placide, PARIS (VIᵉ)

On s'abonne sans frais dans tous les bureaux de poste

Cette Revue a reçu de N. S. Père le Pape Pie X un précieux encouragement à la date du 26 Juillet 1907

Biographie de Maximin Giraud
BERGER DE LA SALETTE
(1835–1875)

L'apparition de la Mère de Dieu à La Salette, le 19 septembre 1846, est
sans contredit la plus importante manifestation de la Ste Vierge dans
tout le cours des siècles, à cause de ses enseignements et de ses révélations, concernant la fin du monde. Sans aucune exagération, on peut dire
que La Salette est l'évangile et l'apocalypse de Marie. Sans doute l'Evangile est indépendant de la valeur morale et intellectuelle de celui qui le
prêche ; néanmoins, le monde est unanime à reconnaître qu'il a besoin ou
du moins qu'il est heureux d'avoir des apôtres dignes de Dieu. La Sagesse
éternelle a si bien compris qu'un certain succès de la parole de Dieu est
attaché à la vertu de celui qui la prêche, qu'elle a formulé elle-même cette
sentence au sujet des ministres indignes de leur divine mission : faites ce
qu'ils vous disent, mais ne faites pas ce qu'ils font. En conséquence de ce
texte de l'Evangile (Matth. xxiii, 3), la Providence a pour règle générale
de ne prendre pour ses révélations mystiques que des voyants de bon
aloi ; ils sont, sinon des saints méritant d'être canonisés, au moins des personnages respectables, dignes de foi et de considération au simple point de
vue humain. Tel est le cas des deux messagers de Notre-Dame de La Salette : Mélanie et Maximin. Désormais, par divers imprimés, réparation
d'honneur a été faite à la mémoire de la sainte Bergère des Alpes. Hélas !
il n'en est pas encore ainsi de son digne compagnon, Maximin Giraud.
Et pourtant, il a droit à une belle page dans l'histoire de l'Eglise. Elle
a paru dans un ouvrage de 1881, qui est malheureusement ignoré ou
dédaigné dans la littérature officielle de La Salette. C'est le récit détaillé
de sa vie, que dis-je ? son panégyrique.

Quel est donc ce précieux volume ? En voici le titre : « Triomphe de
Notre-Dame de La Salette dans l'un des témoins de son apparition —
Maximin peint par lui-même. »

Ce double titre de l'ouvrage a l'inconvénient pour notre époque d'être
un peu long. Il vaudrait mieux écrire : Biographie du Berger de La Salette. De plus, cet ouvrage a deux autres défauts. Le premier, c'est que l'auteur a voulu rester anonyme ; on n'écrit pas l'histoire en se cachant. Comment expliquer cette faute de l'écrivain ? C'est qu'il est *prêtre* et que

malheureusement, de nos jours, à cause de certaines formalités ou difficultés administratives, le clergé, en général, n'a pas l'indépendance nécessaire, s'il veut écrire l'histoire de l'Eglise d'une manière complète et impartiale. C'est triste à dire, mais il faut le dire!... C'est si exact, qu'un publiciste catholique n'a pas craint d'écrire ces mots, hélas! souvent vrais : « On fait dans l'Eglise, à notre époque, l'organisation du pieux mensonge. »

C'est pourquoi on m'a prié d'authentiquer avec ma signature, bien connue en haut lieu, la vie de Maximin, parce que j'ai qualité pour le faire, ayant connu personnellement Mélanie de La Salette. Or, et tout est là dans cette affaire : je puis affirmer devant Dieu et devant les hommes que la Bergère m'a dit, en septembre 1901, qu'elle appréciait beaucoup cet ouvrage : « *Maximin peint par lui-même* ». Elle en avait reçu l'hommage de l'auteur lui-même dès son apparition, et l'avait conservé; mais ayant perdu ce précieux volume dans l'un de ses derniers voyages d'Italie en France, où ses malles furent longtemps abandonnées en route et même dévalisées, elle pria un de ses amis de lui procurer un autre exemplaire. Elle a même écrit à ce sujet, le 10 octobre 1901, son contentement d'avoir enfin en mains ce livre qui lui procurait tant de délices à lui mettre sous les yeux son cher et pieux compagnon, qu'elle n'a jamais cessé d'estimer et d'aimer.

Il serait donc à souhaiter, malgré la dépense qui en résulterait, que ce volume fût réimprimé avec certaines retouches, non point pour le fonds, mais pour la forme. En effet, et voici son second défaut : quoiqu'écrit avec conviction, cœur et surtout exactitude historique, cet ouvrage est trop volumineux pour le commun des lecteurs; il a 620 pages de texte fin et compact. Ensuite, bien que divisé en chapitres assez clairs, il est trop diffus dans les idées par un excès de documents, de lettres de Maximin et de ses correspondants, mêlés au récit historique. N'est-ce pas le cas de dire avec Boileau : Qui ne sut se borner ne sut jamais écrire ?

Enfin, ce volume qui est le meilleur écrit sur la vie de Maximin est introuvable. Son auteur, M. l'abbé Le Baillif, ne l'a pas mis dans le grand commerce de librairie ; il l'a fait imprimer à Nîmes, chez Clavel-Ballivet et Cie, et l'a déposé en vente au prix de 4 fr. chez un pieux publiciste de Nîmes, M. Adrien Péladan, connu par ses *Annales du Surnaturel* (1884-1889). Dix ans environ après la publication de M. Le Baillif, son dépositaire vint à mourir. Mme Vve Péladan, surchargée d'une foule d'opuscules invendus de son pieux mari, offrit à 2 fr. 50 l'ouvrage de *Maximin* dans un petit prospectus, demeuré lui-même inconnu ; en sorte que tout l'héritage mystique du défunt fut improductif, tomba dans l'oubli et finalement échoua au pilon !

Dans de telles circonstances, ma conscience me fait un devoir impérieux de ressusciter l'œuvre de M. Le Baillif, en l'abrégeant ; je n'y ajouterai que quelques renseignements inédits et j'éviterai de faire des réflexions, de peur de grossir cette *Biographie*. Non, il ne faut pas laisser dans l'oubli Maximin, le digne témoin du fait le plus instructif de l'histoire religieuse et mystique du XIXe siècle. Quoi ? En 1866, on comptait environ 1200 sanctuaires érigés en France et à l'étranger à l'honneur de N.-D. de La Salette. Quoi ? Dans des millions de gravures et images, on voit le petit Berger debout devant la Vierge recommandant de faire passer son discours à tout son peuple, et on ne connaîtrait pas son histoire ? Cette Biographie a donc droit d'asile dans le *Pèlerin de Marie*, revue mariale consacrée spécialement à l'étude des révélations de La Salette. Elle s'impose d'autant plus que Maximin est généralement discrédité, calomnié, parce qu'il n'est pas connu. Comment le faire enfin connaître ?

En premier lieu, je ferai l'exposé des étapes de sa vie en quelques pages. En second lieu, je montrerai aussi franchement et brièvement que possible l'âme de ce digne privilégié de Marie, dans des tableaux variés qui seront comme des aspects de sa physionomie morale. Finalement, en réunissant ces divers tableaux, on aura la vie abrégée, mais suffisante, de cet homme de bien qui n'a jamais cessé d'être un vrai chrétien, un voyant inspiré visiblement de Dieu dans la défense de La Salette, et même un grand caractère. L'émule de Mélanie mérite bien, comme elle, de passer à la postérité, quand bien même, ce qui n'est pas probable, le Vatican ne livrerait jamais à l'Eglise le fameux *Secret* qu'il a reçu de lui officiellement, le 18 juillet 1851.

*
* *

Maximin Giraud naquit à Corps (Isère), le 27 août 1835, et il y mourut le 1er mars 1875. Entre ces deux dates, sa vie s'est écoulée extérieurement de la manière suivante. Il perdit sa mère dès le bas âge et fut élevé par une belle-mère qui fut bonne pour lui ; quant à son père, charron à Corps, qui n'avait pas de pratiques religieuses et avait l'habitude du blasphème, comme tant d'ouvriers, il ne l'envoya ni à l'école ni au catéchisme ; il le laissa même sur la rue, occupé principalement à ramasser du crottin. Maximin ne fut berger que par occasion et provisoirement, huit jours seulement avant la célèbre Apparition des Alpes. Son père ne l'avait que cédé à un de ses amis pour remplacer son pâtre malade. Tel fut l'enfant abandonné que N.-D. de La Salette jugea à propos de choisir pour être son missionnaire infatigable pendant 30 ans.

Dès le lendemain de l'Apparition, il retourna chez son père où il ne resta que quelques semaines, tout occupé à faire à tous le récit de la divine vision du 19 septembre. Alors, l'autorité religieuse commença à s'occuper de lui, et du consentement de ses parents, qui en firent facilement l'abandon, le plaça chez les sœurs de la Providence de Corps, en vue de l'instruire et de le préparer à sa première communion. Il la fit avec beaucoup de foi et d'édification, le 7 mai 1848. Les religieuses s'occupèrent maternellement de lui pendant 4 ans environ. Leur grand souci était de deviner sa vocation, et dans ce but, en l'automne de 1850, on conduisit Maximin voir le saint Curé d'Ars, dans l'espoir qu'il lui indiquerait la voie qu'il devait suivre dans sa vie. Ce pèlerinage donna lieu à ce qu'on appelle « l'incident d'Ars », un événement qui causa beaucoup de malentendus entre le saint prêtre et le Berger de La Salette. Il fut commenté diversement par les nombreux historiens du Fait de La Salette. On le trouve particulièrement dans la première édition de la Vie du Bienheureux, parue en 1864, sous la plume de son premier historien, l'abbé Monnin. On peut maintenant le résumer en deux mots : d'une part, le bon curé ne fut pas un juge compétent dans cette affaire, et de l'autre, il y a là une taquinerie du diable. En tout cas, l'homme de Dieu ne donna aucune direction à l'enfant et le laissa libre dans son choix de vie. Et ainsi, à son insu peut-être, le B. Vianney entrait merveilleusement dans les desseins de la Providence sur le messager, l'apôtre de N.-D. de La Salette destiné à voyager beaucoup, afin de propager la Grande Nouvelle.

Au retour d'Ars, un protecteur, qui fut en même temps le premier historien de l'Apparition, le bon chanoine Bez, d'Evreux, plaça Maximin au collège d'Ecully, près Lyon, dirigé par les Maristes. Il voulait le soustraire aux importunités des perpétuels visiteurs qui troublaient forcément ses études, et il lui donna le nom de Joseph Bey. A peine y était-il installé et déjà habitué, que l'évêque de Grenoble, le pieux Mgr de Bruillard, le réclama pour son petit séminaire du Rondeau, non loin de sa ville épiscopale, où il ne passa que deux ans. Pour l'année 1852, l'évêque comprenant que l'élève ne pourrait faire aucun progrès dans ses études, à cause des trop nombreuses visites qu'il recevait, l'envoya à 8 lieues de Grenoble, au petit séminaire de la Côte-Saint-André. Importuné encore là, comme au Rondeau, par des curieux de toutes les hautes classes de la société, et même par des femmes pieuses qui n'étaient souvent que des exaltées, Maximin, devenu orphelin de père dès 1849, fut confié par l'évêque à la solitude la plus profonde. Il le plaça sous la direction d'un père et d'un maître vraiment distingué, M. l'abbé Champon, curé de Seyssins, à une lieue de Grenoble.

Au point de vue humain, voilà les trois plus belles années de Maximin : 1853 à 1856. Sous un tel maître, il fit de rapides progrès dans la perfection chrétienne et dans la science ; déjà, il était assez instruit pour faire sa lecture spirituelle ou dans une *Imitation* latine, ou dans la Bible, tantôt en grec, tantôt en hébreu même, ou enfin en italien dans les *Gloires de Marie*, par s. Liguori. En mars 1856, il se laissa diriger sur le grand séminaire de Dax, voulant conserver l'incognito. Il y fut bientôt découvert, à l'occasion d'une cérémonie de consécration d'église, où il portait la mitre de l'évêque. A partir de ce jour, on lui fit fête partout, en l'entourant d'attentions, d'amitié et d'estime dont, à la vérité, il était digne par sa piété sincère, son bon esprit et ses bonnes manières. L'avenir lui souriait donc et tout l'invitait à entrer dans les rangs du clergé, où tous ses meilleurs amis et ceux qui s'intéressaient à lui auraient tant voulu le voir, surtout l'évêché de Grenoble. Mais, héroïquement, Maximin refusa de recevoir la tonsure à l'ordination de la Trinité de 1858, malgré toutes les sollicitations, vu que cette entrée dans la cléricature n'engageait en rien sa conscience. Il ne se sentait pas appelé de Dieu au sacerdoce et il refusait d'être un prêtre sans vices et sans vertu. De plus, il tenait beaucoup à son indépendance, voulant remplir ce qu'il n'a jamais cessé de revendiquer comme sa mission : faire passer à tout le peuple la révélation et les enseignements de la Vierge en pleurs du 19 septembre 1846.

Le monde, même religieux, ne comprit ni cette mission, ni cette indépendance nécessaire à la publication de la vérité. Ses nombreux bienfaiteurs et amis, sous divers prétextes, s'éloignèrent donc de lui, quand ils le virent déposer, après deux ans, la soutane de séminariste. Isolé et obligé de chercher une situation pour vivre, il se dirigea comme tant d'autres sur Paris, en 1859. Pendant quelques semaines, il fut réduit à la misère noire. Enfin, grâce à la protection de M. Cornuau, ex-préfet des Landes et secrétaire général du Ministère de l'Intérieur, il obtint un emploi à l'hospice du Vésinet, à raison de 1.500 fr. par an. C'était une fortune inespérée pour le Berger des Alpes ; mais, le 10 janvier 1860, il fut injustement révoqué, parce que des visites révélèrent à son entourage peu chrétien qu'il était le favori, le hérault de N.-D. de La Salette. M. Cornuau fut impuissant à arrêter l'orage formé sur la tête du voyant ; il ne put lui obtenir, après dix mois de bons services, qu'une allocation de quelques centaines de francs. Le malheureux disgracié en profita pour aller finir ses études au collège de Tonnerre, où il étudia une année entière, dans le but d'obtenir le diplôme, alors peu commun, de bachelier. Jamais il ne put y arriver.

Déçu, il revint encore à Paris, en 1862, y chercher un moyen d'existence. Surpris par une grave maladie, il dut entrer à l'hôpital Saint-Louis. Là, il conçut l'idée de devenir médecin en vue de faire du bien aux âmes. De 1862 à 1865, il fut donc étudiant en médecine, mais il cachait son nom et son origine, par prudence, au souvenir de la tempête du Vésinet. Pendant ses études médicales, pour lesquelles il avait de l'ardeur, il logeait chez M. et Mme Jourdain, de la paroisse St-Merry, commerçants enrichis, qui, dès 1861, avaient commencé à l'adopter pour leur fils. Dès les premiers mois, à cause de sa vertu, Maximin avait subi des persécutions de la part d'étudiants libertins et impies, mais ce fut un orage véritable quand il fut découvert par un ancien élève du séminaire de Grenoble, qui le reconnut et l'apostropha en ces termes : « Tiens, voilà ma Salette ! » Malgré cette épreuve, l'enfant de Marie voulut poursuivre sa carrière médicale. Cependant, le bon docteur Portalès, qui avait appris à l'estimer en lui prodiguant ses soins dans une grave maladie, en 1863, le détourna de la médecine par ces réflexions : « La presse impie et boulevardière ruinera votre crédit en vous demandant de guérir indistinctement tous vos malades et en rejetant, qui pis est, vos insuccès sur la Ste Vierge. »

Maximin le comprit lui-même et tomba dans un cruel découragement. Sur ces entrefaites, la marquise de Pignerolles lui procura une diversion à ses peines par un voyage à Rome, en 1863. Ce voyage eut pour lui un résultat imprévu : son entrée aux Zouaves pontificaux. Le 25 avril 1865, il signa avec foi et ardeur un engagement de six mois, avec l'intention bien arrêtée de le renouveler à l'heure du danger pour le Pontife-Roi. Cet enrôlement bien volontaire dans la 1ere compagnie fit la joie de ses amis et lui valut de nobles amitiés à Rome. Mais bientôt, l'abbé Bliard, premier auteur, en 1872, d'un opuscule sur le *Secret* de Mélanie, et ami intime des époux Jourdain, l'engagea à revenir en France consoler ses parents d'adoption, à qui il devait tout après Dieu, pour son avenir. Il rentra donc chez eux par devoir de reconnaissance et vécut avec eux dans leur villa du Petit-Jouy-en-Josas, près Versailles, dont ils lui cédèrent la propriété de leur vivant. Ce fut un malheur pour le Berger de La Salette ! Dieu le permit pour l'humilier et montrer la vertu de ses bienfaiteurs qui ne cessèrent jamais de l'estimer et de l'aimer, malgré ses folies de gérant et de propriétaire. Mal inspiré et mal conseillé, il dépensa beaucoup d'argent à restaurer cette villa, pourtant si belle ; il se ruina et ruina aussi les vieux époux Jourdain, en moins de 4 ans et malgré un secours de dix mille francs d'un bienfaiteur espagnol ! Quelle faute chez un voyant de grand renom, et chez un homme que le malheur aurait dû instruire !

Sans doute, l'histoire impartiale l'excuse facilement, mais elle constate avec peine sa bévue. Dieu, dont les desseins sont impénétrables, voulait nous apprendre la différence que nous devons faire entre l'homme privé et le messager de Marie, dont la mission n'est pas amoindrie par ces faits regrettables. Sous le poids de l'infortune et de la douleur, Maximin revint à Corps, avant l'investissement de Paris, dès 1869, et il y fit venir ses parents adoptifs et les fit ainsi échapper aux horreurs de l'invasion qui détruisit totalement leur villa. Cherchant, pour eux plus que pour lui-même, à y trouver un moyen d'existence par ses soins personnels, Maximin s'engagea dans un commerce de liqueur de La Salette. Il se laissa si bien exploiter par un nommé Viviers, de Voiron, qu'il dut recourir aux tribunaux civils pour sauver son honneur et résilier un contrat commercial. La justice humaine prononça en faveur de sa bonne foi et de sa probité, mais elle ne lui rendit pas la fortune. La maladie continuant ses ravages, il mourut presque de misère, sous les yeux impuissants des époux Jourdain ; ils l'assistèrent jusqu'à sa mort, et elle fut sainte.

Telle est, dans ses grandes lignes, la carrière de ce serviteur de Marie, dont le nom ne périra jamais dans l'Eglise ! Je crois même qu'il grandira, à mesure que le *Secret* de Mélanie continuera à faire ses preuves dans les événements. En attendant plus de gloire sur la terre pour cet élu du ciel, apprenons à connaître sa belle âme dans les tableaux qui vont se dérouler sous ces différents titres : Maximin, témoin de l'Apparition ; apôtre de l'Apparition ; gardien intraitable de son Secret ; Maximin éprouvé et Maximin honoré. Lui-même nous apprendra par son exemple à aimer de plus en plus N.-D. de La Salette.

Daigne la Vierge des Alpes bénir ma plume afin que j'analyse bien l'ouvrage remarquable et consciencieux de l'abbé Le Baillif dont le premier titre est si vrai : « Triomphe de N.-D. de La Salette dans l'un de ses témoins ». Oui, Maximin fait honneur à la cause de La Salette, et jamais il n'a cessé, par sa vie pure, d'être vraiment digne du choix de cette grande Reine qui s'appelle le Trône de la Sagesse !

MAXIMIN GIRAUD

Témoin de l'Apparition

Le grand fait de l'Apparition de la Mère de Dieu, à La Salette, le 19 septembre 1846, repose sur le témoignage concordant de deux enfants, et sa confirmation par des miracles : on en compte 253 en l'espace des trois premières années, en dehors du plus grand de tous : l'arrivée spontanée de 60.000 pèlerins, au premier anniversaire, sur une montagne nue et d'accès difficile. Voyons la part du témoignage de Maximin à contribuer à l'approbation officielle de l'Apparition, à l'érection de la basilique de N.-D. de La Salette et à la diffusion de son culte dans l'Eglise. Toutes les heureuses conséquences de l'Apparition ne peuvent lui être étrangères ; car, s'il n'avait rien dit ni rien fait, La Salette serait déjà oubliée, tandis que plus de 300.000 pèlerins sont accourus à La Salette, pour ainsi dire à sa voix, dans le seul espace des deux premières années, et à celle de Mélanie qui vécut à Corps, près de lui, dans l'école des sœurs de la Providence. Etudions les faits pendant les quatre premières années qui suivirent l'Apparition ; nous les accompagnerons de quelques remarques et nous en tirerons des conclusions.

Maximin a été le premier à raconter l'événement miraculeux, à planter la première croix sur les lieux de l'Apparition et à y conduire les premiers pèlerins, charmés de son récit et captivés par son amabilité de bon enfant. A peine descendu de la Montagne, le Berger de La Salette, devançant Mélanie chez sa maîtresse, la mère Prat, se hâte de raconter ce qui remplit son cœur d'une céleste émotion. La mère Prat, du village des Ablandins, en l'entendant parler d'une dame de feu, brillante comme le soleil, le traite de petit fou ; mais quand le récit est terminé, qu'elle a entendu Maximin répéter avec calme et conviction les paroles et les menaces de la Belle Dame, ses yeux se remplissent de larmes, et elle demeure comme pétrifiée au coin de son âtre où elle était en train de préparer le souper du soir. En la quittant, l'enfant lui dit : « Si vous ne me croyez pas, Mélanie votre bergère, qui était avec moi, va vous raconter la même chose. » De là, Maximin se rend chez son patron, le père Selme ; il a transcrit lui-même de sa main cette scène de famille, vraiment patriarcale, où le maître de la maison, déjà un peu au courant de la conversation tenue dans la maison de sa voisine, avait mis le couvert du pâtre à la table même des membres de sa famille. Le repas terminé, le vieillard se découvre et ordonne à son berger de tout raconter, en présence de tous ses serviteurs et voisins accourus chez lui pour la circonstance. L'enfant parle à l'aise ; tous l'écoutent avec attention, déjà on crie au miracle, on y croit même, bien que les yeux de ces bons campagnards se mouillent de larmes en entendant que la récolte va se gâter.

Maximin, en effet, ne fait que dire ce que Mélanie a publié dans sa célèbre brochure, parue en français avec l'*Imprimatur* de Mgr Zola en date du 15 novembre 1879, et reproduite ensuite à plusieurs millions d'exemplaires en diverses langues, au moins en ce qui concerne le discours public de la Vierge en pleurs. Toutefois, dans l'assistance on trouve dès la première heure quelques sceptiques ; ils osent sourire et secouer la tête ; le bon père Selme ne tarde pas à rappeler à la raison ces rationalistes de village avec un admirable bon sens, éclairé par la foi : « Ce garçon, dit-il, est incapable d'inventer de telles choses ; la Belle Dame n'est pas une âme du purgatoire, parce qu'elle ne demande pas de prières pour elle, mais pour retenir le bras de son Fils ; elle ne doit pas non plus être une sorcière, car les sorcières ne s'élèvent pas au plus haut des cieux ; elles nous jettent des sorts et nous veulent du mal, au lieu de nous vouloir du bien. » Enfin, la soirée se termine dans le calme par ces mots du père Selme à son petit serviteur qu'il avait ramené avec tous les siens dans la maison de la maîtresse de Mélanie : « Demain dimanche, tu iras avec Mélanie raconter tout à M. le curé. » Mélanie ne fit que confirmer Maximin.

Les deux bergers de La Salette se lèvent de bonne heure, partent ensemble et se dirigent vers la cure. Maximin prend le premier la parole et dit à la servante du vieux curé, alors dans sa chambre : « Nous voulons parler tout de suite à M. le curé. » La vieille Perpétue de riposter ainsi : « On commence par me dire ce que l'on veut à M. le curé, et je lui répète après. » Alors, Maximin dut s'exécuter et il commença son récit de la veille au soir, avec Mélanie présente qui approuva. La servante, à genoux devant le feu qu'elle attise, s'arrête émerveillée, émue, ravie, elle est presque sans voix, ce qui permet au narrateur de parler tranquillement. Il allait finir, quand le vieux curé octogénaire, qui avait tout entendu de sa chambre, accourt en levant les bras au ciel : « Oh ! que vous êtes heureux, mes enfants, s'écrie-t-il, vous avez vu la Ste Vierge ! » Et le bon prêtre a même des larmes dans les yeux, tant il est vrai que les saints prêtres ont instinctivement le flair, l'intuition du surnaturel divin, « l'esprit de Jésus-Christ », *sensum Christi*, dit s. Paul (I Cor. ii, 16).

En voyant l'émotion de son pieux curé, qui croyait au miracle sans hésiter, Mélanie se tourne vers Maximin et lui dit : « N'avais-je pas raison de croire que c'était le bon Dieu ou la Ste Vierge ? » Après la messe, où l'abbé Perrin raconta « la grande Nouvelle » au milieu des sanglots qui couvraient sa voix, Maximin et Mélanie, qui ne se connaissaient que depuis deux jours, se séparèrent, sans se rencontrer pendant trois mois consécutifs. Ce fait ne doit pas être oublié, si on veut juger de la valeur du témoignage des deux bergers qui jamais ne se sont démentis l'un l'autre, et qui, à leur insu, se sont toujours confirmés, sans avoir jamais eu le temps de se concerter pour jouer un rôle. Mélanie reprit le chemin de ses maîtres aux Ablandins, et Maximin descendit à Corps, emmené chez son père par son patron, qui en prenait congé selon les conventions antérieures. A l'arrivée à la maison paternelle, on n'y trouva que la belle-mère de Maximin qui l'avait élevé, car il avait perdu sa mère à l'âge de 18 mois. Le père Selme se chargea de raconter lui-même ce qui était arrivé au fils du père Giraud ; il fit encore le même récit au père de l'enfant, mais au cabaret où il était allé le trouver, de sorte que Maximin n'eut plus guère le premier jour qu'à confirmer les paroles du bon villageois.

Aussi rapide que l'éclair, la nouvelle de l'Apparition se répand dans le village. Maximin sort et va raconter à sa grand'mère (qui en savait déjà quelque chose) le fait merveilleux du samedi. Elle lui ordonne de tout répéter devant un grand nombre de personnes, dont le flot grossissait à chaque instant en ce jour de dimanche où l'on se reposait. Dès qu'il eut obéi à sa grand'mère, l'enfant s'empressa de rejoindre ses camarades de jeu qui l'accueillirent avec respect, malgré les plaisanteries de quelques esprits forts du gros bourg de Corps. Ils se moquaient de lui en l'appelant « l'Enfant de Marie, ou, le petit Jésus ». — « Dites tout ce que vous voudrez, leur répondait le voyant, je ne suis pas chargé de vous faire croire. » Et pourtant sa parole commençait dès le premier jour à porter la conviction dans les âmes et même à faire de vraies conversions, notamment celle de son père, sur laquelle il faut nous arrêter un peu, malgré ma déclaration de ne vouloir écrire que brièvement cette vie du Berger de La Salette. Elle a inspiré plus de 600 belles pages à son premier auteur anonyme, et son ouvrage quoiqu'indigeste, a été qualifié à Rome de remarquable : « egregium opus ».

Maximin venait de s'endormir quand son père rentra à la maison, à sa sortie du cabaret où le matin et pendant la journée il s'était tant moqué du récit que le père Selme lui avait fait de la vision de son gamin. Il court au lit de son fils, le réveille brusquement et le tenant en chemise et pieds nus entre ses jambes, il lui ordonne de recommencer à dire ce qu'il aurait dû taire. Le père Giraud est si hors de lui qu'il ne s'aperçoit pas que son Maximin lui parle en français pour la première fois, et il devient furieux quand il entend ces mots de l'Apparition : « Si la récolte se gâte, c'est à cause de vos péchés. Les raisins pourriront. » Toutes les invectives du père contre la Belle Dame et Maximin peuvent se résumer dans ce mot : « En 8 ans, je n'ai pu t'apprendre un *Notre-Père*, et en un clin d'œil tu récites tout ça comme une leçon. »

Le lundi, l'atelier de Giraud, charron, fut tellement assailli de visiteurs, que, le soir, il déchargea sa mauvaise humeur sur son fils et lui défendit de raconter au monde ses histoires. Toutefois, avant de l'envoyer au lit, il exige de lui qu'il lui explique à nouveau ce qu'il a vu et entendu le samedi à La Salette ; il cherchait à le prendre en défaut et à découvrir la supercherie. Maximin s'empresse d'obéir ; mais, comme la veille, le père, jureur d'habitude, s'emporte en entendant dire que les récoltes seront mauvaises. Alors, la belle-mère, pour en finir avec cette tempête, prend à l'écart l'enfant afin de lui faire dire avec elle la prière du soir et l'envoyer au lit. La nuit qui, dit on, porte conseil, fit prendre au père la résolution de tenir renfermé son fils, voulant lui apprendre à être sage. Maximin n'eut pas la permission de sortir, et tout le mardi il fut si bien surveillé qu'un ami de Giraud dut employer une ruse pour parler au voyant. Le mardi soir, le père, non encore calmé, fit répéter à son fils ce qu'il appelait sa leçon, et, pour la troisième fois, il se mit encore en colère à propos des mauvaises récoltes. Mais, prenant sur lui, il permit à Maximin d'aller jusqu'à la fin du récit du discours de la Belle Dame. Mais, ô merveille, quand il entendit parler de l'incident du *Coin*, ses yeux s'ouvrirent à ces paroles du dialogue de la Sainte Vierge : « N'avez-vous pas vu du blé gâté, mes enfants ? » — « Oh ! non, Madame », répondit Mélanie. — « Mais toi, mon enfant (s'adressant à Maximin), tu dois bien en avoir vu une fois vers le *Coin*, avec ton père. L'homme de la pièce dit à ton père : Venez voir comme mon blé se gâte... » — « C'est bien vrai, Madame, je ne me le rappelais pas ».

« Du coup, s'écria le charron de Corps, voilà quelque chose de bien extraordinaire ! Comment aurais-tu pu te souvenir de l'histoire du *Coin* qui date de plus de deux ans et dont âme qui vive n'a pu avoir connaissance ? » En conséquence, Giraud prit la résolution d'aller bientôt tout examiner sur la montagne de La Salette, et de demander à la Sainte Vierge, en preuve de son Apparition, la guérison de son asthme. Ce pèlerinage n'eut lieu qu'à la mi-novembre. En attendant, il rendit à son fils sa liberté de sortir et de parler à tout le monde de ce qu'il avait vu. Bien plus, il lui accorda une faveur.

Maximin voyant que son père allait bien mieux de son asthme dès le commencement de sa foi en l'Apparition, en profita pour lui demander de lui confectionner une petite croix qu'il voulait mettre au lieu où la Mère de Dieu s'était manifestée à lui. Sans hésiter, le charron fit en bois blanc une croix d'un mètre cinquante, que Maximin porta aussitôt à bénir au curé de Corps. Le 22 octobre, il faisait déjà froid et il neigeait ; Maximin, avec quelques camarades non ralentis par le mauvais temps, portait la croix au lieu de l'Apparition et la plantait à l'endroit où la Belle Dame s'était élevée triomphante vers le ciel. Quelques semaines plus tard, Mélanie planta la sienne au bord de la Fontaine, là où Marie avait tant pleuré. Ces deux croix plantées différemment semblent indiquer l'avenir : le triomphe après les châtiments. Quinze jours après la plantation de la croix faite par son fils, le père Giraud put avec deux de ses amis monter au Planeau, nom propre de l'emplacement de la montagne des Alpes visitée par la Mère du Sauveur. Chemin faisant, nos trois hommes se moquaient de ceux qui croyaient au miracle de La Salette ; mais, ô surprise, dès qu'ils aperçoivent la croix de l'Assomption, ils tombent à genoux comme malgré eux et essaient de réciter à haute voix le *Notre-Père* qu'ils avaient oublié et dont ils ne pouvaient plus balbutier que quelques mots, avec l'*Ave Maria*. Les pleurs les gagnent et ils promettent de se convertir, d'autant que Giraud fut ce jour-là vraiment guéri de son asthme. En conséquence, le soir même de ce pèlerinage, de retour à Corps, il voulut aller à confesse, mais vu l'heure avancée (10 heures du soir), sa femme lui fit comprendre qu'il serait plus qu'indiscret ; dès le lendemain, il alla trouver M. le curé et il communia le dimanche suivant, après plus de vingt ans d'éloignement des sacrements. A partir de ce jour, il vécut puis mourut en bon chrétien, et alors il confia son fils aux religieuses institutrices de Corps, dans le but de le bien préparer à sa première communion, qui eut lieu le 7 mai 1848. En comparant ce jour-là à celui de l'Apparition, Maximin, doué d'une piété vraiment éclairée et même de vertus éminentes de modestie, vu son âge et les flatteries dont il était l'objet, a écrit ces belles paroles : « Le bonheur de ma première communion n'est pas le même que celui du 19 septembre 1846. Celui-ci venait du *dehors*, et celui du 7 mai 1848 est une plénitude *toute intérieure.* »

Pendant les quatre années qu'il passa à la Providence de Corps, Maximin ne se distinguait guère extérieurement des autres enfants ; il était même fécond en espiègleries, mais il était aimable et surtout aimant envers deux religieuses particulièrement qui lui servirent de mères, après la mort de son père, en 1849. En cette même année, il perdit tous ses proches parents et n'eut qu'un mauvais tuteur, cherchant, mais en vain, à tirer profit de sa mission. En effet, le Berger de La Salette fut plus que Mélanie le missionnaire de Marie. Plus recherché que la timide et discrète bergère, Maximin répondait non seulement sans façon aux innombrables visiteurs, mais souvent il les accompagnait jusqu'au Planeau ; il lui arriva même de faire trois fois le parcours dans une seule journée. Certes, il fallait avoir le pied montagnard et des jambes d'enfants pour de telles ascensions! Avouons franchement que quelquefois Maximin trompait l'ennui du chemin en allant dénicher des oiseaux, et il laissait en route des personnages, en prenant des sentiers non battus ; il faisait l'école buissonnière. Ne faut-il pas l'excuser ? Il était si fatigué des visites. « Rien de plus dépitant, a-t-il écrit, que de voir les gens me suivre comme une bête curieuse. Je voudrais être seul et ne plus entendre crier quand je passe : Voici Maximin ! Je voudrais qu'on me mît de côté comme un instrument hors de service. » Rien ne nous peindra mieux l'état de cette âme d'enfant que le fait suivant : En 1847, Mgr Villecourt, évêque de la Rochelle et depuis cardinal à Rome, voulut être accompagné de Corps à la sainte montagne par le Berger de Marie. Au retour de son pèlerinage, le prélat s'arrêta au presbytère de La Salette. A cette occasion, le curé fit sonner le carillon. Pendant qu'au presbytère on faisait fête à l'évêque de la Rochelle, Maximin monte au clocher et, avec un caillou dans chaque main, il recommence le carillon qui avait trop peu duré. Le sacristain arrive, saisit la corde pour arrêter le tintamarre et met la cloche en branle. Sans se déconcerter, le gamin se cramponne à la cloche elle-même qui ne rend plus que des sons étouffés, et il se laisse balancer. Avant que le sacristain ait eu le temps de monter au clocher, le novice carillonneur s'était esquivé.

Malgré ses saillies d'enfant qui étaient un contraste providentiel entre le naturel et le surnaturel de sa vie, Notre-Dame de La Salette ne cessait de veiller sur son messager et de le protéger. Au milieu des témoignages perpétuels, quotidiens, de respect, de félicitations, voire d'enthousiasme de la part des visiteurs, le Berger de La Salette restait froid et indifférent, que dis-je ? ennuyé. N'est-ce pas là une grâce extraordinaire du Ciel ? Il y a plus ; on constate chez cet enfant des grâces d'état qui tiennent du miracle. On ne saurait trop répéter qu'avant l'Apparition, Maximin ne comprenait que quelques mots de français, mais ne le parlait pas ; il ne savait que le patois de Corps. Dès le lendemain de l'Apparition, il commençait à parler le français au presbytère de La Salette, à son père le soir du 20 septembre, et ensuite à tous les visiteurs qui s'adressaient à lui en français. Il en fut de même de Mélanie. Quel miracle ! Sans doute le langage de ces enfants n'était pas parfait, mais il était suffisant à leur mission. Dans ces sortes de grâces mystiques, Dieu laisse toujours quelque chose de naturel, afin de mieux nous montrer son intervention. C'est ce que j'ai constaté moi-même dans les extases parlées de Marie-Julie, de La Fraudais. Que de fautes de français dans un langage vraiment sublime, divin, de théologie et de poésie ? Non moins merveilleuse est l'assistance visible de Dieu à Maximin, obligé de satisfaire ses milliers d'auditeurs en leur racontant le fait de l'Apparition, et surtout lorsqu'il répondait à leurs objections imprévues. C'est toujours avec le même entrain, la même verve, le même cœur, que le Berger de Marie fait son éternel récit, mais avec une variété surprenante d'expressions. On peut appliquer à son récit ce mot connu à propos de la monotonie du chapelet : Il ne se répète jamais, car l'amour est toujours nouveau !

M. Amédée Nicolas, dans une brochure en faveur de La Salette,

publie qu'un savant professeur de théologie se présenta un jour devant
Maximin, avec *douze* objections très sérieuses, et que l'enfant les fit
crouler en quelques mots. L'abbé Le Nud, archiprêtre de la cathédrale
de Rouen, a affirmé que le même enfant avait subi devant lui l'argu-
mentation de *cinquante* prêtres, parlant tour à tour, et qu'il les avait
tous réfutés avec une présence d'esprit telle qu'on s'écriait à la fin : Il
y a là une intervention évidente de la Sainte Vierge ! Si tous les visiteurs n'osaient ou ne pouvaient pas, faute de temps, à cause de la
foule, lui faire des objections, au moins que d'interrogations fatigantes !
Néanmoins, le voyant n'en perdait pas patience ; souvent, sans être
intimidé, il racontait à des groupes, à des foules de pèlerins, le fait de
l'Apparition. Parmi eux, n'oublions pas, le 27 juillet 1847, le saint
homme de Tours, le vénérable M. Dupont, si dévot au culte de N.-D.
de La Salette et à celui de la Sainte Face qui s'enchaînent pour la réparation des blasphèmes.

Marie, pour soutenir et encourager son messager, le rendit à La
Salette témoin de conversions et de miracles, fruits de sa divine manifestation sur la sainte Montagne. Pendant la belle saison et souvent
pendant le reste de l'année, Maximin était sans cesse dérangé par l'afflu-
ence des visiteurs de toutes les classes de la société. Enfin, une
remarque s'impose : elle a été faite par Maximin lui-même. Il avoue
qu'il n'a pas vu aussi bien en face que Mélanie le visage de la Sainte
Vierge ; pour lui, il était comme voilé d'une lumière trop vive ; il ne l'a
vu que d'une vue d'ensemble, mais, a-t-il ajouté, c'était un miracle de
pouvoir supporter aussi longtemps avec ses faibles yeux ce second
soleil des cieux. Pourquoi cette différence de vision par rapport aux
traits de Marie ? Ne serait-ce pas pour prêcher aux femmes la modestie
en voilant leur visage dans un siècle où elles recherchent tant les
regards par leur luxe de coiffure ? Quoi qu'il en soit, cette différence
de vision entre le Berger et la Bergère des Alpes est minime ; elle
rappelle le récit des évangélistes qui ont écrit le nouveau Testament
avec quelques variantes qui ne nuisent en rien à la vérité de leur
témoignage, comme l'ont prouvé les plus savants commentateurs de
nos saints Livres.

Cette réflexion nous amène à cette grave conclusion, publiée en 1855
par Mgr Dupuch, évêque d'Alger, dans son ouvrage sur La Salette :
« Le témoignage des enfants de La Salette ne pouvant être scindé, il
faut l'admettre ou le rejeter *tout entier* ». J'applique cette même pensée aux différents *Secrets* qu'ont reçus les mêmes voyants. Quand donc
ils les publieront, il faudra y croire, comme on a cru, sur leur parole,
au fait de l'Apparition ; et cela sous peine d'illogisme et mauvaise foi.

MAXIMIN GIRAUD
Apôtre de l'Apparition

Un littérateur qui vit encore, dans un ouvrage contre Lourdes, reproche à l'Autorité religieuse d'avoir séquestré Bernadette dans un couvent de Nevers, afin de l'empêcher de se déjuger. Ce n'est là qu'un prétexte pour nier le surnaturel divin de la célèbre apparition de 1858, avec ses miracles éclatants et irréfutables. Il n'en est pas de même de la vie de Maximin ; elle fut celle d'un pèlerin de Marie, ou mieux d'un missionnaire, pendant 25 ans. Son apostolat commence à son départ de Corps pour le séminaire du Rondeau et ne finit qu'à sa mort. Loin de se déjuger, il a de plus en plus affirmé sa foi en la divine Apparition du 19 sept. 1846, partout et toujours, sans un seul moment d'hésitation, et dans les divers milieux où la Providence le plaça à dessein : parmi les croyants et les incroyants. A l'exemple des Apôtres, il a parlé hautement, clairement et avec modestie ; et il a, dans un opuscule, publié son affirmation, contre laquelle la mauvaise foi ou l'opposition ne pourra jamais prescrire. Voyons les faits, en n'y faisant qu'un seul commentaire : le désintéressement de l'apôtre ou sa pauvreté évangélique.

Avant l'âge de 23 ans, le Berger de La Salette avait déjà traversé presque toute la France et une partie de l'Espagne, annonçant ce que Marie appelle elle-même la « Grande Nouvelle » : reproches à la société contemporaine, menaces de châtiments, avec l'existence d'un secret confié à chacun des voyants isolément. L'apostolat de Maximin fut facile et fructueux parmi les séminaristes du Rondeau, de La Côte-Saint-André, de Dax, aux zouaves pontificaux, et surtout auprès des pieux visiteurs de toute condition qui ne cessèrent de l'assiéger en masse et de le fatiguer pendant plus de huit ans. De cette partie de son apostolat, ne craignons pas de dire avec Corneille : A vaincre sans péril, on triomphe sans gloire. C'est si exact, que l'Evangile lui-même serait moins beau sans le martyre des apôtres. Dans ce monde d'épreuves, où la vérité est toujours voilée, afin de nous donner le mérite de la foi, rien ne vaut le témoignage du sang, de la persécution, de la souffrance de ceux qui la défendent. C'est pourquoi on ne peut pas passer sous silence une scène pénible de la vie du voyant à l'Ecole de médecine de Paris.

Pour la défense de sa foi et de sa croyance en l'Apparition, contre les insulteurs, Maximin avait un courage de lion ; il le fit bien voir à ses camarades de l'Ecole de médecine. Un jour, dans le but de le provoquer et de lui faire payer cher le chapelet qu'il avait récemment récité, les bras croisés, en se promenant dans une allée du jardin de l'hôpital Saint-Antoine, ils l'entraînèrent dans un café, au premier étage, près de la Sorbonne. La discussion religieuse fut, de la part des étudiants, plus que vive, elle fut discourtoise. A bout d'arguments, car Maximin avait réponse à tout, l'un des contradicteurs, ennemi déclaré de l'Apparition et libertin de la pire espèce, lui dit avec insolence et comme en grinçant des dents : « Avec quel plaisir je vous souffletterais pour oser soutenir cette vision-là ! » Interpellé d'une façon si singulière et surtout publique, Maximin se retourne avec calme et lui offre sa joue, en lui disant : « Ne vous gênez pas. » Aussitôt, il reçoit un soufflet des plus retentissants, au milieu du silence et du malaise général des assistants. Sans broncher, il lui réplique : « Si une joue ne vous suffit pas, voici l'autre. » Et il la présente, sans colère. Immédiatement, il reçoit un second soufflet. — « Maintenant que vous m'avez frappé deux fois si brutalement, oseriez-vous le faire une troisième fois ? » Et l'agresseur de répondre en blasphémant horriblement qu'il frapperait encore, et il frappa pour la troisième fois. — « Maintenant, à nous deux, s'écrie le Berger de La Salette, vous êtes un lâche ; j'ai tendu mes deux joues pour accomplir le conseil de l'Évangile. Et vous ne l'avez pas compris ! » Alors, le saisissant à bras-le-corps vigoureusement, d'un bond, il le précipite du haut en bas de l'escalier. Nul des autres étudiants n'avait osé bouger devant cet acte de force juvénile.

Maximin, se tournant vers eux, leur dit : « Vous m'avez laissé lâchement insulter et vous n'allez pas relever votre camarade ! » Donc, il descend rapidement l'escalier et relève le misérable qui se croyait mort du coup ; il l'assied sur une chaise dans une pièce voisine et lui paie un cordial, en lui disant d'être tranquille et sans inquiétude sur sa chute mortelle. De fait, l'insulteur en fut quitte pour la peur et la leçon. Désormais, Maximin fut respecté par les étudiants qui se disaient : « Va donc te frotter au Berger de La Salette. » En effet, on peut supporter des injures personnelles, mais non des insultes faites en notre présence à Dieu ou à ses saints. N'y a-t-il pas de saintes colères, à l'exemple de celle de Moïse qui brisa les tables de la Loi en voyant le Veau d'or ?

Que cette scène de café est belle dans la vie de l'apôtre de l'Apparition ! Il en est une autre qui lui fait moins d'honneur, mais qu'il faut raconter, en vue de montrer la protection visible de Dieu sur son serviteur, sujet aux surprises de toutes les faiblesses humaines. — « Il m'est arrivé quelquefois, a écrit loyalement Maximin, de petites *histoires* que Dieu a permises pour mon humiliation. Car, il ne veut pas que j'aie de l'orgueil, ce qui serait le pire des maux. ». En voici une. Il fut invité à venir déjeuner, avec un de ses camarades, chez le capitaine Henri de Hainaut, qui tenait alors garnison à Rambouillet. Au banquet qui réunissait principalement des prêtres et des officiers chrétiens venus pour entendre le Berger de La Salette, Maximin était, par malheur, éloigné de son camarade qui aurait pu le rappeler à lui-même, en lui donnant délicatement un coup de pied sous la table. Soit par mégarde, soit peut-être par malice, on ne cessait de remplir le verre et les verres du voyant de l'Apparition qui ne s'apercevait pas qu'il les vidait plus que de raison. Déjà Maximin avait le visage illuminé et parlait de tout avec animation.

Alors, tout à coup, pour le dessert, un des convives s'adresse à lui, et réclame hautement le récit, tout au long, du fait du 19 septembre 1846. L'ami de Maximin était tout tremblant d'émotion et presque pâle d'effroi : « Comment va-t-il s'en tirer ? se disait-il. Oh ! que le moment est mal choisi ! » Mais non ; dès que Maximin ouvre la bouche sur le sujet de l'Apparition, il n'est plus le même, il est transformé, il est apôtre et apôtre séducteur, par la puissance de sa conviction et le charme de son récit pittoresque. Dieu est visiblement avec le messager de sa divine Mère. Ne le cachons pas, on a constaté des faits de ce genre de protection dans quelques cas analogues à celui de ce déjeuner mémorable.

Quel que soit le succès d'un orateur, il disparaît bien vite avec son auditoire naturellement oublieux : voilà pourquoi l'apôtre préfère écrire que parler, au point qu'on a dit : Si s. Paul revenait sur la terre, il se ferait journaliste. — En effet, les paroles s'envolent et les écrits restent. Tout l'apostolat de Maximin est donc heureusement renfermé dans un opuscule de sa main, digne d'être tiré de l'oubli, au moins par un résumé. En voici l'origine : Le Berger de La Salette n'avait cessé de nourrir l'idée de composer ou de faire composer, avec ses notes, un ouvrage sur Notre-Dame de La Salette ; diverses circonstances l'empêchèrent de réaliser son vaste plan de publication ; mais, attaqué par la presse, il se hâta de prendre la plume, au moins d'une manière suffisante dans la circonstance. A son départ de l'armée pontificale, une feuille boulevardière crut voir dans ce fait une belle occasion d'attaquer La Salette dans l'un de ses témoins, qui se serait démenti. La *Vie parisienne*, n° du 11 novembre 1865, en vingt lignes vraiment diffamatoires et injurieuses, chercha à renverser et l'Apparition de N.-D. de La Salette et ses deux témoins, particulièrement le petit Berger devenu grand. Dès le 2 février 1866, Maximin fit paraître sa brochure, avec une dédicace à Pie IX, Pontife-Roi, sous ce titre : « *Ma profession de foi* », après avoir obtenu préalablement une rétractation de la feuille mensongère et mal inspirée, sous menace d'un procès en diffamation.

Malgré la réparation d'honneur faite, Maximin, bien conseillé, publia sa brochure toute à l'honneur de la divine Apparition, en 72 pages in-8°. Elle se compose de trois parties : la 1re, le préambule ou affaire de la *Vie parisienne ;* la 2e, le récit proprement dit du fait de l'Apparition par le voyant, avec des réponses aux principales objections ; et la 3e, des documents de l'Autorité religieuse en faveur du surnaturel divin à La Salette. Le mérite particulier de cet imprimé est qu'il est bien antérieur par sa date de 1866 à la brochure de Mélanie, connue seulement dans la presse en 1880. Il est donc le premier récit, signé par l'un des voyants, du fait mémorable du 19 sept. 1846 ; en outre, jusqu'à la mort de Maximin, il a été répandu à des milliers d'exemplaires en France et en Italie. Il a même été traduit en espagnol par les soins d'un riche seigneur espagnol, le comte de Penalver, et en allemand, au moins en partie, par le P. Laurent, bénédictin de N.-D. des Ermites. A cette époque, de 1866 à 1870, rien n'a plus popularisé le culte de N.-D. de La Salette, que cet acte de foi publié par Maximin. L'auteur envoya un exemplaire signé de sa main à une foule d'amis, de personnages, et même à tous les chefs d'Etat en Europe, avec cette dédicace commune à chacun d'eux : « J'ai l'honneur d'adresser « Ma profession de foi » à Votre Majesté ; la Belle Dame que j'ai vue et entendue le 19 septembre 1846 m'a dit deux fois : vous ferez passer à tout mon peuple ma *Grande Nouvelle*. Je ne crois pas pouvoir la faire mieux passer qu'en m'adressant au chef d'Etat de X... »

Il n'oublia pas la reine protestante d'Angleterre, ni le roi d'Italie, Victor-Emmanuel, quoique excommunié. Naturellement, la presse religieuse fut unanime à faire bon accueil à cette brochure purement historique, à l'encontre de celle de Mélanie, en 1880, parce qu'elle contenait des reproches aux gens d'église, particulièrement aux prélats... L'auteur en reçut donc beaucoup de félicitations, bien méritées par la noble simplicité de son récit et surtout l'énergie de sa foi, à l'âge de 30 ans, en imprimant en grosses lettres, ces mots : « Je suis prêt à DONNER MA VIE pour soutenir et défendre la vérité de ce grand événement. » Parmi les témoignages flatteurs dont il fut honoré, je ne veux signaler que celui du P. Calage, éminent mystique de la Compagnie de Jésus ; après avoir passé au crible d'un sévère examen l'écrit et la personne de Maximin qu'il venait de voir en personne, il déclarait sa croyance à La Salette plus vive et plus inébranlable que jamais.

Cette brochure a été certainement réimprimée plusieurs fois de 1866 à 1873, date de la dernière édition qu'on trouvait à Corps, au domicile de l'auteur. Hélas ! elle a vécu ce que vivent les roses ; elle n'est plus dans le commerce. (1) Mais, à son défaut, nous avons celle de Mélanie racontant exactement le même fait de l'Apparition, avec l'*Imprimatur* de Mgr Zola, suivi de celui de quelques autres prélats, et du silence respectueux de Rome. Le Saint-Siège ne l'a jamais condamnée et ne la condamnera certainement pas, en tant qu'écrit public de la main de la pieuse voyante, malgré son *Secret* peu flatteur, répandu à plus de 100.000 exemplaires en diverses langues. La brochure de Mélanie, confirmant celle de Maximin, a subi l'épreuve du temps, à son honneur. aux yeux des sages qui apprécient le silence respectueux de l'*Index* qu'on aurait voulu corrompre.

Outre l'apostolat du livre, il y a celui de l'image : Maximin le mit

____

(1) Nous apprenons qu'elle a été réimprimée en 1904 et mise en vente chez M. H. Douchet, imprimeur, à Méricourt-l'Abbé (Somme), au prix de 0 fr. 75.

en pratique. D'une part, en 1855, il déclara, avec Mélanie, que l'image nantaise de N.-D. de La Salette, reproduite généralement, est la plus exacte de toutes quant à ce qu'on appelle le costume de l'Apparition, presque impossible à peindre à cause de sa forme lumineuse. D'autre part, il a apposé sa signature sur des milliers d'images de la Vierge des Alpes, en témoignage de sa foi. Il passa l'été de 1869, logé chez les missionnaires de La Salette, sur la sainte montagne : « On me fait lever dès cinq heures, a-t-il écrit ; je répète mon récit plusieurs fois par jour. Souvent vers minuit, je suis encore à signer des images. Aussi je suis épuisé et fatigué. »

Voici les deux derniers actes de la vie d'apôtre du Berger de Marie. Pendant l'hiver de 1874, il fit à pied plus de 100 kilomètres dans le département de l'Isère. Il visitait ici et là de vieux amis et condisciples, presque tous bons curés de campagne. Il allait d'un presbytère dans une communauté, afin de répéter à satiété le récit toujours ancien et toujours nouveau de l'Apparition ; car si l'Isère n'apprécie pas l'honneur de la visite de N.-D. de La Salette, qui l'appréciera? Toute apparition divine n'est-elle pas une grâce insigne qu'on doit mettre à profit ?

Le 27 février 1875, quelques jours avant sa mort, Maximin fit son dernier récit de l'Apparition que l'abbé Le Baillif appelle avec raison : « le chant du cygne ». M. et Mme Jourdain, ses parents d'adoption, n'oublièrent jamais ce dernier récit. Quoique le connaissant parfaitement de vieille date et comme par cœur, avec des détails écrits par le voyant lui-même, jamais ils ne furent plus émus qu'en cette journée du 27 février, où Maximin fit durer son récit *plus d'une heure*. Jamais son récit ne fut plus détaillé et surtout animé d'une plus grande conviction. A mesure qu'il approchait de l'éternité (cette clarté de l'autre vie), il semble que l'enfant prédestiné de la Reine des cieux comprenait mieux la vérité et la grâce du 19 sept. 1846. Il le termina par ces mots : « Que je suis heureux de vous avoir redit la vérité aujourd'hui samedi ! » En effet, l'apôtre s'était surpassé en ce jour, lui qui si souvent pendant sa vie avait tenu suspendu à ses lèvres des auditoires d'élite.

Ce qui fait la force d'un orateur, c'est sa réputation d'être un homme vertueux. Comment s'en rapporter au témoignage de celui qui se contredit lui-même dans ses actes? Par conséquent, le grand honneur du pâtre de La Salette, c'est sa vertu et surtout son désintéressement incontestable dans son apostolat. Certes, il ne l'a pas enrichi, ni même soustrait à la misère pendant sa vie ! Remarque singulière : il est hors de doute que le beau livre de M. Lasserre : « Notre-Dame de Lourdes », traduit en plusieurs langues et édité en français sous toutes les formes, a fait la fortune matérielle de son pieux et illustre auteur, jusqu'à lui valoir, par reconnaissance, d'être nommé officiellement « citoyen de Lourdes », vu que Dieu s'est servi de son ouvrage pour attirer les foules à la grotte des Pyrénées. Or, Maximin, l'apôtre prédestiné de La

Salette, n'a laissé pour tout héritage à ses parents adoptifs appauvris que son opuscule « Ma profession de foi », et il n'a pas suffi à payer les dettes communes ! Pendant sa vie, il est vrai, à l'occasion de son récit de l'Apparition, il a reçu quelque argent. L'historien a le devoir de publier que la fortune n'a eu pour le digne compagnon de Mélanie, comme pour elle, qu'une durée bien éphémère, que de rares rayons de soleil dans une vie de pauvreté. Il avait pour principe de donner à la construction si coûteuse du Sanctuaire de La Salette tout l'or qu'il recevait des pèlerins. Il eût cru commettre un vol sacrilège que de garder pour lui ce que d'autres auraient appelé les honoraires de sa prédication. Bien plus, Maximin a porté la délicatesse jusqu'à refuser des secours d'argent que des pèlerins lui offraient personnellement, connaissant sa position précaire. Oh ! que ces refus nombreux et certains ont été édifiants ! Et puis, il faut l'avouer : Dieu lui-même se chargeait d'inspirer aux meilleurs amis de Maximin de venir à son secours dans les moments les plus cruels de détresse et de dettes honorables.

La pauvreté évangélique n'est-elle pas conseillée par le divin Sauveur lui-même ? N'a-t-il pas dit à ses apôtres : Allez à travers le monde porter la bonne nouvelle sans besace, sans argent et sans double vêtement (Luc, ix, 3) ? Notre-Seigneur a donné lui-même l'exemple de ce qu'il a si bien recommandé, au point que le jour même de son triomphe public, le jour des Rameaux, il a voulu souffrir de la pauvreté en cette manière. Après son entrée triomphale à Jérusalem, personne n'a eu la présence d'esprit de l'inviter à table et de lui donner l'hospitalité. En conséquence, sainte Thérèse, certaine de ce fait, avait pour habitude, le dimanche des Rameaux, de faire la communion d'une manière plus fervente, afin de dédommager son Dieu de cet oubli et de lui offrir l'hospitalité à sa manière. En récompense de cette pratique, un certain dimanche des Rameaux, la séraphique Vierge d'Avila sentit au moment de sa communion réparatrice sa bouche toute parfumée par le sang de Jésus-Hostie. Hélas ! l'histoire constate que les succès de la prédication évangélique ont commencé à diminuer à mesure que l'Eglise catholique devenait riche. Ne soyons donc point étonnés que le *Secret de La Salette* annonce le prochain triomphe de l'Eglise, à la condition de la pauvreté : « L'Eglise sera forte... mais pauvre. » Et voyons dans Maximin, apôtre de l'Apparition, demeuré toujours désintéressé et pauvre, un type des Apôtres des derniers temps. Et il le fut dès son enfance ; dès 1849, il perdit son père et eut pour tuteur un oncle cupide qui cherchait à exploiter ignoblement la mission du voyant. Abusant de son autorité, il le fit sortir pendant un mois de septembre du couvent des sœurs de Corps où il était hospitalisé. Il l'emmena avec lui à pied, sous prétexte de visiter des parents du côté paternel, qui demeuraient au loin, mais en réalité, afin de lui faire raconter le fait de l'Apparition à raison de certaines rétributions. L'oncle fut cruellement déçu par une humiliation d'un comique achevé, à Grenoble, et par l'énergie du petit Berger à ne rien vouloir recevoir. Avant de mourir, il a laissé ces notes écrites de sa propre main : « Jamais je n'ai accepté un centime pour raconter le fait de l'Apparition ; j'ai toujours refusé un semblant de rétribution, parce que les choses de Dieu se donnent et ne se vendent pas. Des milliers et des milliers, pour ne pas dire des millions de pèlerins peuvent l'attester à Corps comme ailleurs. Rien de ma part ne semblait plus inepte et plus ridicule à mes compatriotes que mon entier désintéressement. « Plus tard tu t'en repentiras ! » me répétaient-ils à satiété. Pourvu que je sois riche en la grâce de Dieu et irréprochable aux yeux des honnêtes gens, que m'importe. » Dieu a exaucé lui-même le vœu de l'apôtre de Marie : il est irréprochable, il est riche des dons de la grâce et il est favorisé d'une confidence du ciel, d'un secret !

MAXIMIN GIRAUD

Gardien de son secret

Après la réception officielle des secrets de Maximin et de Mélanie, Pie IX fit envoyer à chacun des voyants une bénédiction *spéciale*, au lieu d'une critique ou d'une désapprobation. Voilà un fait d'histoire absolument certain ; il ne faut jamais l'oublier, quand, sous prétexte d'ensevelir dans l'oubli ces deux révélations, on ose encore dire : le Pape n'a pas parlé. D'ailleurs, la raison nous fait comprendre que Dieu ne donne pas inutilement un secret à ses messagers, lorsqu'il permet que la personne divinement favorisée dise : j'ai un secret. Par là il veut la lumière tôt ou tard. Ainsi l'Apocalypse elle-même qui est en soi un secret, une révélation divine, a paru douteuse pendant quelque temps à l'Eglise ; enfin, le concile de Trente a dissipé tous les doutes possibles en reconnaissant l'authenticité divine des livres deutéro-canoniques ; donc la lumière est à jamais faite sur l'authenticité de la révélation de s. Jean à Pathmos. Que ce souvenir, proportion gardée, nous apprenne que les secrets de La Salette, dont le monde a été averti dès 1846, ne sont pas des vérités purement privées pour les seuls confidents de Marie ou le pape seul, et inutiles à l'Eglise.

Il est donc juste de s'occuper du secret du voyant de 1846 et de parler franchement de son existence ; de la fidélité héroïque du Berger à ne le communiquer qu'à Pie IX seul ; des conjectures permises sur le contenu de cette révélation, et de constater en Maximin un certain esprit de prophétie pendant sa vie. Toutes ces considérations ont pour but de préparer les esprits à croire à son secret, lorsqu il sera publié par le Vatican, car il est le fait capital de l'existence du compagnon de

Mélanie. N'est-ce pas dire son importance, d'autant que Pie IX l'a lu avant celui de la Bergère ? Cette remarque ne constitue, il est vrai, qu'un détail ; mais, sans doute, Dieu a voulu préparer l'âme de ce pape si éprouvé : « *Crux de cruce* » à la lecture de la révélation de Mélanie, où il y a tant d'annonces d'événements terribles.

On sait, à n'en point douter, que très vive fut l'émotion, la première impression du Souverain-Pontife lorsqu'il eut pris une connaissance même rapide des secrets des bergers, le 18 juillet 1851. Et loin de revenir de sa première impression, Pie IX n'a fait qu'attacher une importance de plus en plus grande aux communications mystiques de l'Apparition des Alpes par l'intérêt qu'il n'a cessé de porter à la personne même de chaque messager de N.-D. de La Salette. En 1854, le pape a reçu incognito par deux fois, au mois de septembre, en longue audience privée, le jeune montagnard du Dauphiné, guidé dans son voyage par M. Similien, peintre distingué d'Angers, son protecteur. Ce seul fait ne nous dit-il pas déjà la grandeur de la mission du voyant ? Du reste, Pie IX lui a dit : « Nous sommes heureux que le Seigneur daigne nous faire connaître de telles choses. »

Dès la fin de l'après-midi du jour de l'Apparition de la Vierge des Alpes, il fut question des Secrets. Maximin dit à Mélanie : « La Dame t'a parlé bien longuement sans que je l'entende. Je ne lui voyais remuer que les lèvres. Que te disait-elle durant ce temps-là ? — Quelque chose que je ne puis te dire. Elle me l'a défendu. — Oh ! que je suis content, Mélanie ! Elle m'a dit aussi quelque chose que je ne te dirai pas non plus. Ou plutôt si. Dis-moi ton secret et je te dirai le mien. » Maximin parlait ainsi, en espiègle, parce qu'il n'avait pas l'intention de désobéir à Marie et qu'il a dit à ce sujet : « J'aurais pris son secret et puis j'aurais gardé le mien. » Quant au public, ce ne fut que le samedi 3 octobre suivant, quinze jours après l'Apparition, qu'il connut l'existence des secrets, au presbytère de Corps, où M. le Curé interrogeait les deux témoins devant quelques assistants. Sitôt qu'on sût les voyants dépositaires des confidences de la Vision céleste, la curiosité publique fut vivement excitée. Pendant cinq années consécutives, les petits bergers ont gardé le silence d'une manière vraiment miraculeuse par la force de leur caractère et surtout la sagacité de leur esprit à déjouer toutes les ruses les plus habiles, les plus séduisantes et les plus opiniâtres. Ils n'ont cédé enfin qu'à l'autorité du pape : voyons dans quelles circonstances en ce qui concerne notre jeune héros.

Souvenons-nous de l'incident d'Ars qui ne fut qu'un de ces contretemps ou malentendus, comme on en rencontre toujours et même nécessairement dans toutes les causes mystiques ; elles sont toujours combattues et contredites, au moins à leur origine, si elles sont divines. Etre en butte à la contradiction, voire à la persécution, est le signe caractéristique du divin Sauveur et de ses disciples de choix ; le saint vieillard Siméon en a prévenu la Mère de Dieu et en elle toute l'Eglise.

Oui, c'est l'incident d'Ars, l'opposition malencontreuse mais passagère du bienheureux Vianney à N.-D. de La Salette, qui a déterminé Pie IX à demander la communication des secrets des enfants de Marie. Que de démarches en 1850 et 1851 n'a t il pas fallu, et que d'explications afin de persuader à Maximin qu'il devait livrer son secret au Pape, sous secret ! Seule, une circonstance providentielle le décida à obéir au Pape, plus que tous les raisonnements des théologiens qui s'évertuaient à vouloir lui prouver que le Souverain-Pontife est au-dessus de tout (excepté la Loi naturelle et le *Droit* des gens). Quelle est donc cette circonstance ? Une phrase insignifiante mais mystérieuse qui échappa à M. le chanoine Taxis, de Grenoble, dans l'exhortation qu'il faisait à Maximin de livrer son message à Pie IX seul. Ce mot du bon chanoine coïncidait, à son insu, avec une parole du secret de la T. Ste Vierge, qui est la prudence et la sagesse mêmes dans ses manifestations. Cette expression de M. Taxis, Maximin ne l'a pas dite, de peur de révéler même un mot de son mystérieux message, mais il vit aussitôt que l'heure de Dieu avait sonné, l'autorisant à écrire son secret. Jusqu'alors, il n'avait jamais voulu le confier même à un papier caché, et moins encore à qui que ce fût au monde.

« Sans cette parole, a écrit le Berger de Marie, qui me fit répondre au chanoine que j'étais décidé, ni lettre de l'évêque, ni menaces, ni douleurs, rien n'aurait pu rompre le sceau apposé sur mes lèvres par la Belle Dame. » Grâce donc à cet incident révélateur, Maximin était aussi certain de pouvoir écrire son secret que si la Mère de Dieu fût descendue de nouveau pour lui ordonner de se rendre aux désirs, aux injonctions du Souverain-Pontife. En conséquence, peu de jours après le consentement donné, Maximin se rendit volontiers à l'évêché de Grenoble, le 2 juillet 1851. L'évêque n'eut à lui dire que quelques mots d'encouragement avant de le laisser écrire son secret en présence de deux témoins : M. le chanoine Taxis et M. Dausse, ingénieur en chef du département de l'Isère.

Loin des regards de ces témoins officiels, il s'installa aussi à l'aise qu'en classe, et mit environ une heure et demie à écrire son secret qui n'était cependant pas très long ; mais il prit son temps et relut plusieurs fois sa copie. Enfin, Mgr l'évêque vint voir si Maximin avait fini, et sur les observations du prélat lui demandant si son écriture était correcte et facile à être lue par le Souverain Pontife, le jeune écolier, par convenance, demanda une seconde feuille de papier et transcrivit rapidement son premier texte sans explication et sans embarras, comme aussi sans joie ni tristesse, mais avec calme et assurance. Mgr de Bruillard arriva une seconde fois voulant s'assurer si Maximin n'avait plus besoin, sous aucun prétexte, de recommencer son écrit ; et sur la déclaration du voyant que tout était bien fini cette fois, l'enfant plia lui-même la feuille contenant son secret, l'enferma dans une feuille blanche et mit lui-même le tout dans une grande enveloppe sur laquelle il apposa seul cinq cachets aux armes de l'évêché. Ensuite, spontanément, en présence de l'évêque et des témoins, il brûla sous les yeux de tous à la bougie qui avait servi à fondre la cire, la première copie de son secret que personne n'avait pu lire. Enfin, sur l'enveloppe, il écrivit de sa propre main : *A Sa Sainteté Pie IX, Rome*. Les deux témoins écrivirent à leur tour : Ce qui est écrit ici est le secret de l'enfant de La Salette, Maximin Giraud. Alors, Mgr l'évêque de Grenoble entra en possession de cet écrit marial.

De ces faits d'histoire incontestables il résulte que la confidence de Marie n'a été faite qu'à Pie IX seul ; mais, depuis le 2 juillet 1851, Maximin ne l'a-t-il pas violée au moins en partie, n'en a-t-il pas fait connaître quelque chose ? Voilà une question à examiner attentivement, vu que l'honneur du voyant en dépend, puisqu'il n'a cessé de répéter qu'il ne pouvait communiquer son secret qu'au Pape seul.

Pendant sa vie, verbalement, ni après sa mort, par aucun écrit, Maximin n'a révélé à personne au monde un seul mot de son message ; il n'en a pas même donné le sens, et quand on lui demandait si son secret était gai ou triste, il répondait avec tant d'esprit et tant de variété d'expressions qu'on ne pouvait en rien deviner. Comment prouver le silence absolu du messager de Marie sur la confidence qu'il avait reçue d'elle ? Par ses épreuves, le martyre même de sa vie à résister à toutes les tentatives de curiosité sur ce point, et par ses protestations contre quiconque prétendait avoir par lui connu quoi que ce soit de sa révélation. Bref, il aurait emporté dans la tombe son secret, sans son écrit officiel donné au Vatican ; Mélanie doit humainement à son secret les épreuves de sa vie, particulièrement au Carmel de Darlington ; de son côté, Maximin a eu à souffrir beaucoup plus qu'elle du devoir de cacher aux curieux l'avenir que la Ste Vierge lui fit connaître. Nous allons en juger par les faits suivants qui ne sont que des épisodes dans la défense de son secret. Avant de les apprécier, n'oublions pas cette belle parole de Maximin : « J'aimerais mieux désobéir à mon évêque que de livrer mon secret sans l'ordre formel du Pape. » Si tels étaient les sentiments du Berger devant son évêque, à plus forte raison fut-il plus intraitable avec le cardinal de Bonald, archevêque de Lyon, métropolitain de Grenoble. Ce prince de l'Eglise, assurément plus poussé par Napoléon III que par l'amour de la vérité... mystique, voulait à tout prix connaître ce que Marie avait dit à Maximin ; il en voulut un écrit pour l'envoyer à Pie IX. Dans ce but, il ne rougit pas de soutenir une lutte homérique avec le jeune montagnard, en venant exprès le voir à Grenoble et lui faire subir une espèce de torture pendant une heure et demie. Interrogé sur le fait de l'Apparition, le petit séminariste du Rondeau répondit volontiers et aimablement au Cardinal ; mais quand celui-ci en arriva vite à son but, le secret, sous prétexte que rien ne parviendrait à Pie IX sans son intermédiaire, Maximin, après lui avoir répondu finement et délicatement, finit par s'amuser par des mouvements cadencés sur le fauteuil élastique de l'archevêque. Le Cardinal, agacé, lui fit signe de prendre une chaise, mais, a écrit Maximin, le plus mal assis n'était pas celui qu'on pense.

Vainqueur d'un cardinal qui, sans preuve, osa écrire à l'Empereur qu'il n'avait pas à s'inquiéter du contenu des secrets des bergers, Maximin eut plus de peine à se tirer d'affaire avec deux châtelains. Dans les premiers jours de novembre 1847, M. Reynaud, client du père du voyant, reçut la visite obligatoire de Maximin à son château d'Aspres-lès-Corps. A la fin du déjeuner, l'enfant qui avait à peine 13 ans fut accablé d'offres d'argent, dont il ne connaissait pas le prix, à la condition de révéler son secret. L'argent ne le séduisit pas ; mais il fut près de succomber à une tentation de son âge. On avait remarqué que toute la matinée il avait joué avec un jeune chamois apprivoisé et avec les oies et les pigeons du château. Alors, on dirigea toutes les batteries de ce côté-là. Que je regrette le manque d'espace pour transcrire la narration vraiment littéraire que fit plus tard Maximin de cette scène enfantine ! Un instant ébloui à la pensée de posséder une jolie bête et un grand pigeonnier, il devenait bientôt pensif, rêveur et triste en songeant à la condition posée que tant de bonheur serait la trahison de son secret : « Non, s'écrie-t il d'une voix forte, je ne puis pas dire mon secret. » Et sur de nouvelles instances, il se sauve à toutes jambes de la basse-cour, du château même, et s'en retourne à Corps sans plus de façon.

Quelques années plus tard, dans un autre château non désigné par convenances, à cause d'un vrai piège tendu à un séminariste pauvre et cherchant déjà une nouvelle voie dans la vie, la vertu de Maximin fut soumise à un véritable assaut de l'enfer. Un millionnaire chercha à séduire le fils du charron de Corps par son luxe de grand seigneur, et cela pendant plusieurs jours de magnifique hospitalité sous son toit, dont il lui fit tous les honneurs mondains, au milieu de fêtes et de grands dîners. Le pâtre de La Salette a avoué lui-même l'impression que lui firent ces heures les plus enchantées de sa jeunesse. Au moment du départ, le comte X... lui dit gravement : « Maximin, tu peux rester ici, si tu veux me dire ton secret. Ma fortune qui s'élève à près de trois millions est à toi. — Monsieur le Comte, répondit en riant Maximin, vous n'êtes pas le premier à me faire des donations en l'air. S'il s'agissait d'un acte *notarié*, ce serait différent. — Eh bien ! reprit le comte nullement déconcerté, je suis maître de ma situation. Je n'ai qu'une fille qui est à peu près de ton âge. Je te la donne en mariage et dès aujourd'hui, par devant notaire, je te constitue mon héritier avec elle et tu vas entrer en jouissance comme fils unique. » Au bout d'une heure, arrive le notaire. La jeune fille se présente dignement et consent loyalement au mariage, le contrat est signé avec quatre témoins ; il n'y manque plus que la signature de Maximin Giraud à donner après la révélation de son secret. Le voyant a rapporté lui-même ce fait de vive voix et par écrit, ainsi que les sentiments qui l'ont agité pendant cette heure solennelle. Tout transcrire tiendrait trop de place ici. Qu'il nous suffise de savoir que Maximin, sur le point de succomber à cette violente tentation, en fut préservé par la Ste Vierge qui lui enleva la mémoire de son secret et la possibilité même d'en écrire seulement quelques mots. Alors, frappé miraculeusement de mutisme et comme de paralysie, le Berger de La Salette sentit la rougeur lui monter au front. Le comte, malgré ce miracle évident, osa revenir à la charge, mais enfin le jeune homme poussa comme un cri de désespoir en s'écriant vigoureusement : « Non ! » Et aussitôt il recouvrait l'usage de la parole et de la mémoire et disait tranquillement : « Cela m'est défendu. Non, je ne puis pas le dire, je ne le dirai pas. » L'assistance, dans laquelle se trouvait le curé du lieu, fut merveilleusement impressionnée par cette scène, et chacun disait : « le récit de l'Apparition est vrai ! » Au retour du château, la foule déjà un peu au courant de ce qui était arrivé acclamait Maximin dans la belle voiture du comte qui le ramenait à Corps, sauvé.

De ces deux châteaux revenons en arrière dans une chambre d'auberge à Corps. Là, aux vacances de 1848, on trouve le célèbre abbé Dupanloup, devenu plus tard évêque et académicien, avant le cardinal Perraud qui lui aussi fut tristement mêlé au *Secret* de La Salette. Dans son ouvrage de 1881, que la nécessité me force d'abréger, M. l'abbé Le Baillif, curé de Farceaux (Eure), n'a pas osé écrire le nom de Mgr Dupanloup dans le récit historique qui va suivre. Je me dispense d'imiter sa prudence n'étant ni curé, ni vicaire, mais prêtre libre... Maximin avait 14 ans, et pour en venir au fait, après avoir subi un véritable interrogatoire, non de juge de paix mais d'inquisiteur, il fut battu et *souffleté* (*sic*) par l'abbé Dupanloup, parce qu'il refusait de lui dévoiler son secret. Le soufflet fut si violent et la conduite brutale de ce prêtre (réputé au XIXe siècle le grand éducateur et catéchiste de la jeunesse) fut si odieuse que le jeune montagnard en versa des pleurs, d'autant qu'à diverses reprises l'abbé Dupanloup l'avait tenu séquestré dans sa chambre d'auberge pendant 14 heures ! Ce fait incontestable, bien connu de M. Girard, publiciste, et d'un certain nombre d'amis de Maximin, m'autorise à faire ici une digression.

A cause de leur secret, Maximin a été souffleté, Mélanie volée et Bernadette séquestrée. J'ai à cœur de chercher la lumière sur la confidente de N.-D. de Lourdes par la publicité, seul moyen d'éclaircir un doute en histoire. Tout me porte à croire que Bernadette avait reçu du ciel un message à communiquer à l'Eglise, d'une manière claire et publique, à l'exemple de Mélanie. Cette idée m'a été donnée par un ami bien informé. J'y adhère parce que l'étude de la théologie mystique, corroborée par des faits d'expérience, m'a convaincu que les vrais voyants ont une répugnance invincible à découvrir, même à leur directeur, des faveurs qui leur sont purement personnelles et surtout flatteuses. De ce principe, admis par tous les maîtres de la vie spirituelle sur l'humilité héroïque des personnes favorisées de Dieu, à se taire sur ce qui les concerne (à moins d'extases parlantes telles que celles de Marie-Julie), je ne puis ajouter foi à ce passage de M. Lasserre dans son volume « *Bernadette* ». Le 25 février 1858, la Ste Vierge parle ainsi à la voyante : « J'ai à vous dire pour vous seule et concernant vous seule une chose secrète. Me promettez-vous de ne jamais la répéter ? — Je vous le promets, dit Bernadette à la Ste Vierge. » Et plus loin on lit : « Que vous a dit la vision ? — Elle m'a dit deux choses, l'une pour moi, l'autre pour les prêtres. »

Effectivement, elle a dit aux prêtres de faire construire une chapelle, et d'elle, elle ne parla jamais. Puisque le monde ne devait rien savoir de la communication à elle *personnelle*, pourquoi l'en avertir ? Est-ce logique ? Non ! Est-ce là une communication digne de Marie, si bien nommée le Trône de la Sagesse ? Non, encore ! Je crois donc à l'existence d'un secret, mais que l'Autorité religieuse a voulu étouffer, parce qu'il devait trop ressembler à celui de Mélanie, vu que Dieu a pour habitude, on le voit dans l'Ancien Testament, de susciter plusieurs prophètes annonçant les mêmes malheurs, lorsqu'ils doivent être terribles, et attendu encore que Lourdes est la confirmation de La Salette, de deux manières. La première, par sa date de 1858, année où Mélanie *pouvait* publier son Secret, ce qui lui fut impossible alors, étant séquestrée à Darlington. La seconde, par la parole capitale de N.-D. de Lourdes, et prononcée par trois fois : *Pénitence !* Or, cet enseignement pratique de Lourdes, ce mot « pénitence » est exactement celui que prononça Pie IX à la lecture des secrets des deux Bergers. En conséquence, jusqu'à preuve du contraire, je crois que Bernadette a été séquestrée à Nevers de 1866 jusqu'à sa mort en 1879, en tant que dépositaire d'un secret intéressant l'Eglise. Si on a opprimé la conscience de cette voyante, quelle lourde responsabilité pour ceux qui ont participé à sa séquestration ! Quoi qu'il en soit de cette affaire à l'étude, Dieu aura le dernier mot, car il ne parle pas pour ne rien dire et la seule divulgation de l'existence d'un secret confié à la voyante des Pyrénées fait déjà entendre bien des choses, de sorte qu'on a grand tort d'écrire : « Mélanie aurait dû se taire comme Bernadette. » En outre, ne sait-on pas que Pie IX voulut que Mélanie sortît du Carmel et fût libre pour sa mission ?

La faim fait sortir le loup du bois, dit-on. Eh bien ! elle n'a pas fait sortir son secret des lèvres du pâtre de La Salette. Il a avoué, à sa confusion, qu'en 1859, à Paris, pressé par la faim, il faillit céder aux sollicitations d'un journaliste qui lui aurait payé cher la publication de son secret. Mais N.-D. de La Salette est intervenue, une fois de plus, à ce moment périlleux ; elle *effaça* subitement de la mémoire de Maximin toute réminiscence de son célèbre message, pour la lui rendre aussitôt qu'il se fut raffermi dans la résolution de rester fidèle et discret, dût-il lui en coûter la vie. Voilà pourquoi, visiblement protégé par Marie, on n'a jamais pu lui arracher rien de son secret, malgré des tentatives réitérées de tout genre : menaces, essais infructueux pour le plonger dans l'ivresse ou le magnétisme. Le 16 mars 1854, Mélanie écrivait : « Tout mon ennui vient du Secret. » De même, et à plus forte raison, il en fut ainsi pour Maximin jeté providentiellement sur tous les chemins de la vie; par sa fidélité héroïque à conserver intact son dépôt, Dieu voulait en prouver la valeur et celle de l'Apparition elle-même, formant un bloc véritable et se confirmant mutuellement.

Tout ce que l'histoire pourrait reprocher au confident de Marie, touchant son secret, c'est d'avoir un jour bâclé, griffonné une espèce de révélation prophétique, pour faire plaisir à M. Dausse qui l'importunait, le 11 août 1851. Ce pieux laïque conserva précieusement l'autographe du petit voyant. Mais bientôt et surtout avant sa mort, l'écrivain protesta contre M. Dausse qui croyait posséder le *vrai* secret tandis qu'il n'avait reçu naïvement de lui qu'une *fantaisie* prophétique, semblable à certaines lettres qu'il écrivit quelquefois à des religieuses l'importunant pour connaître l'avenir. Mais dès la première heure, Maximin s'éleva énergiquement contre un publiciste, M. Girard, directeur d'un journal disparu « *La Terre Sainte* » et d'une brochure très rare : « *Les Secrets de La Salette et leur importance, 1872* ». Il avait publié des textes supposés du secret de Maximin, et à son insu. Il s'attira une colossale volée de bois vert de la part du Berger, aidé de son ami M. Dausse, au point que M. Girard, qui avait obtenu des bénédictions de Pie IX pour ses pieux écrits, fut obligé de se rétracter. C'est donc par erreur qu'on a reproduit, en 1880, dans la Vie de l'abbé Gérin, curé de Grenoble, le prétendu secret de Maximin et que l'auteur de l'ouvrage « *N.-D. de La Salette et ses deux Élus* (1) » l'a reproduit de bonne foi, en 1906. C'est une des rares fautes de cette excellente compilation de documents sur La Salette. En résumé, de vive voix et par lettres, le voyant de La Salette a fréquemment déclaré qu'il n'avait rien dévoilé du texte de son divin message et qu'il mourait en paix, après l'avoir confié à Pie IX et à la garde du Vatican.

Malgré cette déclaration solennelle et publique de Maximin, peut-on faire raisonnablement quelques conjectures sur son secret ? Oui, d'après certains indices. Evidemment, le message du Berger ne peut que confirmer celui de la Bergère, ou du moins n'y être nullement contraire; l'un et l'autre doivent se compléter, à l'exemple des Evangiles qui s'accordent en vérité, malgré d'apparentes divergences. De plus, chaque secret doit avoir des prophéties spéciales ou un caractère particulier. Quel serait donc le cachet particulier du secret de Maximin ? Il annoncerait principalement le triomphe de l'Eglise et surtout il désignerait le sauveur politique, visé par tant de prophéties sous le nom populaire de Grand Monarque.

Le triomphe de l'Eglise est indiqué, je crois, par l'empressement du petit berger des Alpes à placer sa croix de bois au lieu dit l'Assomption

(1) Librairie Domin, cour de la Monnaie, à Caen (Calvados).

de Marie, où Marie remonta au ciel triomphante en regardant Rome. Pie IX a été, plus que ses deux successeurs, le pape éprouvé, crucifié, selon la devise si juste de Malachie concernant les papes ; cependant, on a remarqué que généralement la sérénité brillait sur son front, et plusieurs fois il a prononcé des paroles solennelles de confiance en un avenir meilleur que nous n'avons pas encore vu, hélas ! Or, on attribue le calme surprenant de ce pieux pontife à sa connaissance des deux secrets de La Salette. En 1869, Maximin a écrit à son bienfaiteur espagnol, le comte de Penalver, ces remarquables paroles : « Je ne me lasse pas de prier pour Pie IX qui est le plus grand homme que nous possédions de nos jours. Il aime beaucoup N.-D. de La Salette qui le soutient dans ses peines et l'assiste dans le gouvernement de l'Eglise. Souvent il fait allusion aux moindres paroles publiques et secrètes de la Belle Dame. Je ne dis pas cela au préjudice de mon secret que j'ai confié au pape seul et je n'en dévoile rien quand il m'échappe de parler comme tout le monde, le moment venu, de quelques-uns des événements qui m'ont été prédits. »

Avant de parler du Grand Monarque, constatons à l'honneur de Maximin, qu'il a fait de son vivant plusieurs prédictions réalisées. Elles ne purent s'expliquer chez lui que par son secret, accompagné certainement, comme chez Mélanie, de la *Vue*, ou vision de tableaux prophétiques confirmant et expliquant les paroles confidentielles de Marie aux deux enfants, le 19 sept. 1846. Sans prétendre tout relater en ce genre, quelques faits nous suffiront. Le 31 nov. 1874, l'abbé Boirayon, aumônier à Grenoble, écrivait à Maximin : « Rappelez-vous, mon cher Maximin, qu'à Grenoble, dans la rue des Prêtres, six mois au moins avant les événements, vous m'avez si bien annoncé le siège de Paris, la famine des Parisiens, l'entrée des Prussiens dans la capitale et, ce qui était plus fort, l'incendie allumé par les Parisiens qui devait purifier par le feu le palais des Tuileries. Toutes ces choses que je prenais, je l'avoue, pour des blagues, et qui mettaient furieusement en colère ceux à qui je les répétais, notamment l'abbé G..., se sont accomplies d'une manière si précise que j'ai foi en vos prédictions. J'en ai bien le droit. Soyez donc assez aimable pour me dire ce que vous entrevoyez dans notre avenir religieux et politique. »

Dès le mois de novembre 1847, Maximin, enfant, entendant Mélanie dire que Paris sera brûlé, s'écria instinctivement : « Oh ! Voilà Mélanie qui nous dit son secret ! » Pour sa part, le 29 juillet 1851, il a affirmé qu'il y aura quatre rois autour de Paris quand Paris brûlera. Et quand on lui insinuait, vingt ans après cette première prédiction, que M. Dausse possédait par écrit, que Paris serait brûlé par les Prussiens, notre voyant répliquait aussitôt : « Ce n'est pas par les Prussiens que Paris sera brûlé, c'est par sa canaille ! » Les Communards de 1871 n'ont-ils pas donné raison au Berger de La Salette ? Le 4 fév. 1873, il écrivait : « Je ne pense pas que tout se termine en 1873. Je redoute fort que la majorité de la Chambre n'abîme, dans une Terreur encore plus épouvantable qu'en 1793, Paris et le reste de la France. » Et le 12, il ajoutait : « J'ai peur d'une seconde invasion prussienne. »

En 1854, on prétendait en sa présence que la guerre avec la Russie n'aurait pas lieu, attendu que l'empereur était descendu de son trône pour tendre la main à l'ambassadeur de Russie : « Eh bien ! s'écria Maximin, moi je vous dis que nous aurons la guerre avec la Russie ! » Quatre semaines après, la guerre était déclarée ! Chose remarquable, Maximin fut doué de l'esprit prophétique pour quelques cas particuliers. Avant la guerre de 1870, il était déjà fixé à Corps, loin de ses parents d'adoption, les époux Jourdain, de Paris. Le 19 août de l'année terrible, il leur envoie une dépêche ainsi conçue : « Venez vite, le temps presse. » Mme Jourdain part seule, au plus tôt. Ne voyant pas son mari avec elle, le Berger le presse de lettres et de dépêches ; alors, devant tant d'insistance, M. Jourdain se détermine à partir en hâte le 17 sept. ; il prenait le dernier train qui devait franchir les fortifications. A la nouvelle de l'arrivée de son mari venant enfin à Corps, Mme Jourdain montait au sanctuaire de La Salette en action de grâces ; c'était le 18 sept., et en ce jour, Maximin lui dit : « Pauvre mère, en ce moment votre belle propriété est au pillage et l'incendie y fait des ravages. Vous êtes complètement ruinés ! » Son mari et elle restèrent six mois sans pouvoir vérifier la réalité de telles paroles et sans rien savoir de leur villa, sise près de Paris. Ce ne fut que quand le curé du pays, M. l'abbé Boulay, leur écrivit, le 9 février 1871, un court résumé du désastre, avec la date de l'évacuation des Prussiens, qu'ils comprirent que les paroles du Berger avaient été réellement prophétiques.

Sa prédiction la plus certaine et la plus connue, même par la presse, c'est celle qu'il fit à l'archevêque de Paris, le 4 déc. 1868 : « Eh bien ! Monseigneur, puisque vous ne voulez pas croire à La Salette, me croiriez-vous davantage si je vous disais qu'un jour vous serez fusillé ? » En 1871, à la Roquette, Mgr Darboy rappelait à son entourage cette prophétie : « Maximin m'a dit que je serai fusillé. »

La certitude de ces prédictions parfaitement accomplies et peut-être de plusieurs autres demeurées ignorées doit nous donner confiance dans la vérité de son secret concernant le Grand Monarque. Hélas ! au Vatican, on a fait disparaître le texte *autographe* du secret de Mélanie apporté à Rome, le 18 juillet 1851, avec celui de Maximin. J'aime à croire qu'on y a conservé fidèlement l'écrit du petit Berger, à cause de son caractère *politique*... ; il annonce à la papauté son libérateur, appelé par maintes prophéties le Grand Monarque. Quel est-il ? Un des descendants de la survivance de Louis XVII, que les indications de Maximin Giraud feront bien reconnaître pour l'élu de Dieu, pour celui que le Grand Pape devra couronner. Telle est ma conviction personnelle qui a deux points d'appui. Le premier : il est hors de doute qu'à la fin d'avril 1865, Maximin eut une entrevue *mystérieuse* avec le comte de

Chambord, et que sa courte conversation, loin de tout témoin auriculaire, rappelle celle du voyant de la Beauce, Martin, de Gallardon, avec Louis XVIII. Le second : c'est l'amour bien connu du Berger pour la royauté légitime. De son vivant, elle était représentée par Henri V aux yeux du public qui ignorait alors la Survivance de Louis XVII. Oui, Maximin avait foi au Grand Monarque ; en l'attendant, il adhérait loyalement au comte de Chambord. Nous en avons deux preuves.

Maximin, à l'exemple des Chartreux et autres religieux qui mettaient leurs armoiries sur leurs produits, avait lui aussi son blason, ses armoiries. Elles lui furent indiquées par la comtesse de Chambord, puis peintes par M. de Grammont, qui en donna l'explication le 2 fév. 1869 : trois lys, symbole d'attachement à N.-D. de La Salette, au Pape et au Roi. Dans une lettre du 24 juillet 1874, Maximin a écrit ces lignes : « J'ai toujours confiance que notre Roi viendra... La Chambre manque à sa mission et Mac-Mahon à son devoir, en n'allant pas chercher le roi et lui offrir ce qui lui est dû, au moins pour sauver la France. » Ah ! quand donc sera-t-elle sauvée, s'écrie-t-on ? Ecoutons la voix de Pie IX qui maintes fois s'est inspiré de la connaissance des deux secrets des Bergers dans ses discours publics. En 1871, au 25e anniversaire de son élection, il disait à la députation française, présidée par Mgr Forcade, de Nevers : « Il y aura un grand prodige qui remplira le monde d'étonnement. Ce prodige toutefois doit être précédé du triomphe de la Révolution. L'Eglise aura beaucoup à souffrir : ses ministres et son chef tout le premier seront outragés, persécutés, martyrisés. »

A la fin de décembre 1873, Pie IX ajoutait : « La société est à la veille d'un fléau qui ressemblera à l'engloutissement des Egyptiens dans la Mer Rouge. Sera-ce dans 40 jours, dans 40 semaines ou dans 40 mois ? Je ne sais ; mais ce que je sais, c'est que ce sera *avant 40 ans.* » Si donc ce pape a bien compris et interprété les prophéties auxquelles il faisait certainement allusion, 1913 serait une année terrible : l'ouverture de la grande Crise du Secret de Mélanie. Maximin, lui aussi pendant sa vie, a parlé sans cesse, pour un avenir prochain, de châtiments, de malheurs suivis de la paix et du triomphe éclatant du bien sur le mal. En deux mots, en 1913, on doit trembler et espérer.

MAXIMIN GIRAUD

Éprouvé

Par son secret, le Berger de La Salette a reçu une mission dans l'Eglise : celle d'avertir la Papauté des événements annoncés par la Mère de Dieu. Au point de vue doctrinal, le pape n'a besoin que de l'assistance infaillible du St-Esprit; mais sous le rapport disciplinaire, en matière de direction et de mesures à prendre, il lui faut l'avis des sages, les instructions des savants et parfois la pieuse impulsion des voyants, dont il doit chercher à reconnaître le bon esprit, sans le rejeter de parti pris. L'histoire de l'Eglise, par des faits nombreux démontre la justesse de cette assertion : un pape doit consulter, sous peine de tomber dans bien des fautes administratives, de sorte que les secrets de La Salette sont des grâces pour l'Eglise elle-même. Pie IX, sans aucun doute, n'a pas fait difficulté de le reconnaître. Or, règle générale, ceux qui ont reçu une mission dans l'Eglise, surtout si elle est mystique, doivent s'attendre à en souffrir plus ou moins, selon cet avertissement que Dieu lui-même fit donner à s. Paul par Ananie : « Je l'ai choisi pour être un vase d'élection et mon apôtre parmi les gentils; mais que n'aura-t-il pas à souffrir pour mon nom. » (Actes ix, 15/16).

Conséquemment, Maximin ne serait pas un vrai messager du Ciel, s'il n'était pas honoré des stigmates sacrés de la contradiction. Du reste, l'épreuve est l'état habituel des prédestinés, et c'est mal écrire l'histoire de leur vie que de n'y faire voir que des succès et des miracles, et cacher surtout leurs démêlés avec l'autorité. Oh! que la vie de Maximin a été tourmentée! « J'aime les saints qui ne furent pas toujours saints », a écrit Mgr Gaume à propos du bon Larron; pour moi je dis : je n'aime pas les saints qui n'ont pas souffert et qui n'ont pas été humiliés. Rien ne m'a plus gagné à la cause de Marie-Julie, la grande victime de La Fraudais, au diocèse de Nantes, que l'examen attentif d'une lettre très authentique écrite en 1876 par un visiteur distingué de l'extatique; je la résume en ces mots : « Le 17 septembre, fête des stigmates de s. François, j'ai vu les stigmates de Marie-Julie répandre du sang, comme elle l'avait prédit pour ce jour-là. J'ai assisté en ce jour à son extase où elle a annoncé que Mgr Fournier, son protecteur, mourrait bientôt, et qu'après son décès elle serait persécutée, calomniée et oubliée administrativement jusqu'à la fin de sa vie. » La réalisation parfaite de cette prophétie d'humiliations depuis 37 ans m'a rempli à jamais de respect et d'estime pour cette stigmatisée méconnue; puisse ce que je vais écrire de Maximin éprouvé avoir le même résultat auprès de ceux qui liront ces lignes, attendu que les reflets de la glorieuse Apparition du 19 sept. 1846 lui ont mis sur le front une couronne d'épines.

Telle est la pensée que le voyant du Dauphiné publie dans sa brochure « *Ma profession de foi* » : « Lorsqu'on me fait assez rusé pour inventer une telle fourberie (l'apparition), veut-on que je sois assez stupide pour la tourner contre mes intérêts? Si j'ai couru après la fortune, la gloire et le plaisir, il faut convenir que je me suis perdu en chemin; je dis sans regret que je n'ai rien trouvé de tout cela. Je dis plus : mon témoignage a été toujours la cause de mes vicissitudes. Que ne m'a-t-on laissé dans mes montagnes! Ma carrière, moins agitée, m'aurait procuré plus de joie. Le pain noir de mon village ne m'aurait pas manqué si souvent que la nourriture plus recherchée des grandes villes. Je dis plus encore : je serais riche à l'heure qu'il est, si j'avais eu la lâche complaisance de me démentir. »

Ces lignes si vraies en 1866 où elles ont été publiées, le furent jusqu'à sa mort en 1875. Il faut confirmer à l'honneur de Maximin son affirmation par le récit abrégé de ses diverses épreuves : tentations, pauvreté, maladie et humiliations.

Dieu n'a pas épargné les tentations les plus humiliantes à s. Paul, s. Antoine, s. Jérôme et à mille autres saints ; il est donc à croire que le Berger de Marie, au moins dans sa jeunesse, n'en a pas été exempt, d'après ce qu'il a écrit lui-même, au sujet de sa vie de séminariste : « J'ai souffert et pleuré plus d'une fois au pied du crucifix de ma cellule. Le démon lui-même n'a rien négligé pour me faire tomber dans le désespoir et même l'impureté. Terrible a été la lutte entre la nature et Satan. » Il a écrit ces autres lignes qui font tout comprendre en peu de mots : « Je suis obligé de supporter parfois de si violents assauts que j'en suis venu, à certaines heures, à former un vœu *impie*, à souhaiter que le miracle de La Salette n'eût pas eu lieu, afin de pouvoir me livrer sans contrainte aux penchants qui me sollicitent. Ah ! si l'on savait ce qu'il m'en coûte pour me préserver et demeurer constamment ce que je suis, on me pardonnerait de n'être pas un héros de perfection, la perle des enfants de Marie. Sans le fait de l'Apparition qui m'enchaîne heureusement de ses divines étreintes, il est probable que les impétueux entraînements de ma nature auraient remporté la victoire. Mais le souvenir du divin prodige est pour moi un frein salutaire. »

A ces combats intérieurs qu'on devine, il faut ajouter les assauts du monde. Maximin, jeune homme, a été assailli par l'ardente curiosité des femmes pieuses, et de plus par d'autres que le démon poussait vers lui. Un Père de La Salette se permit un jour de le sonder à fond sur ce point délicat ; et le Berger de répondre : « Quand on a vu la Très Sainte Vierge, on ne songe plus aux femmes. » Sans doute, les libertins ne croient pas à ces grâces-là, mais la vie des saints n'en est pas moins remplie de ces merveilles de préservation. Dieu a fait de l'existence entière de Maximin un miracle permanent de vertu, même à la caserne des zouaves pontificaux. Dans cet excellent milieu de jeunes gens honnêtes et vraiment chrétiens, des pièges furent tendus à sa vertu. Laissons la parole à M. Guidecoq, son camarade de régiment à Frascati, favorisé lui-même de la Ste Vierge qui apparut à Pontmain sur sa propre maison en 1871.

« La franc maçonnerie, dit-il, avait juré la perte du Berger de Marie, dès qu'elle apprit son enrôlement ; elle envoya après lui plusieurs carbonari, ses coupables instruments dans l'armée du pape, avec ordre d'entraîner Maximin dans une vie de désordres. Mais, protégé par Marie, il resta toujours chaste et invulnérable. Furieux de ne pouvoir le corrompre, les Carbonari résolurent de s'attaquer à sa bonne renommée, et de cette manière. Ils lui faisaient raconter l'apparition de la *Belle-Dame* de La Salette, lui tenaient tête et l'irritaient exprès. Et quand ils le voyaient pantelant et ruisselant de sueur, ils lui disaient : « Allons, camarade, bois un coup ! tu en as grand besoin. » Et lui, sans défiance, vidait son verre, en ne se doutant pas qu'il contenait un vin frelaté à l'avance pour l'enivrer, et alors ils le diffamaient et faisaient arriver leur diffamation jusqu'à Pie IX qui en était désolé. »

Aux reproches amers basés, il est vrai, sur quelques faits d'intempérance non habituels mais isolés et non graves, Maximin répondait aimablement : « Je n'y vois pas grand péché ; j'ai le vin *pieux*. » Malgré ces faiblesses ou mieux ces surprises, le cœur de Maximin, qui est placé dans un mur du sanctuaire de La Salette, n'en est pas moins un cœur pur et bien respectable. Il est même le cœur d'un martyr par tout ce qu'il a souffert pour la cause de la Vierge en pleurs.

En effet, la vertu ne consiste pas simplement à résister aux attraits des plaisirs coupables, mais encore à supporter patiemment les peines de la vie, qui sont le lot ordinaire de toute existence humaine. Celui dont le témoignage a servi à remuer pendant sa vie au moins un million de francs sur la sainte montagne des Alpes, a eu en partage la pauvreté avec ses privations et surtout ses angoisses à la pensée de dettes criardes. En 1849, son père lui laissa pour tout héritage des dettes. En 1858, à sa sortie du séminaire, il ne put se suffire et dut prendre un modeste emploi chez un percepteur des environs de Grenoble, d'où, au bout de peu de temps, il fut congédié, étant jugé peu apte aux exigences du métier. Alors, il se décida à aller chercher sa vie à Paris, qui corrompt la France, a-t il dit, comme la France corrompt le monde. Il y vint deux fois à cet effet, en 1859 et en 1861. A son premier voyage, pendant 4 mois consécutifs, il n'avait en propre que 10 francs pour vivre, de sorte qu'il coucha 15 nuits à la belle étoile, versant bien des larmes au souvenir des 8 jours qu'il passa en 1846 chez le bon père Selme. C'est dire qu'à Paris il manqua de pain et qu'il y serait mort de faim, sans un vrai miracle, dont je réserve le récit pour la fin de la biographie de Maximin. La conséquence pratique de ce miracle que nous verrons bientôt fut de lui faire trouver, en juin 1856, un emploi lucratif de 1500 francs par an à l'hospice du Vésinet, près Paris. Hélas ! il perdit cette place dès le 10 janvier 1860, parce qu'il fut reconnu comme le voyant de N.-D. de La Salette par des visites indiscrètes qui avaient attiré sur lui l'attention de ses chefs, hostiles au surnaturel. Avec ce qu'il avait gagné et quelques secours de circonstance, il se fit recevoir au collège de Tonnerre, afin d'y compléter son instruction et se faire une nouvelle carrière. Il la chercha encore à Paris, en 1861, où il fut de nouveau en proie à la misère, si bien qu'il y tomba malade et fut reçu pendant 8 jours à l'hôpital Saint-Louis.

A sa sortie d'hôpital, il se trouvait dénué de toute ressource et sans domicile ni profession. C'est en cette année d'épreuves qu'il fut peu à peu adopté par les époux Jourdain, commerçants enrichis de la paroisse Saint-Merry ; le mari était membre de la Société de St-Vincent de Paul et la femme trésorière d'une œuvre de pauvres sous le patronage de la bienheureuse Marie de l'Incarnation. Malheureusement, je l'ai dit, Maximin fut le principe de la ruine de ses bienfaiteurs qui lui avaient donné en toute propriété leur villa, sise près Paris, et dont la perte fut consommée par l'invasion allemande de 1870. Le bien-être fut donc éphémère dans la vie de notre héros, et il le paya en quelque sorte bien amèrement par la vue de la gêne, de la misère finale de ses parents d'adoption, dont il avait fait le malheur. Quel tourment pour son âme si droite et si bonne ! Autrefois ami et commensal de gens riches, Dieu permit qu'il en fut oublié et peut-être dédaigné. Dans sa détresse, il s'adressa à trois reprises principales aux Missionnaires de La Salette et à l'évêque de Grenoble, les priant de venir à son aide, en 1864, 1869 et 1872.

L'abbé Le Baillif a publié en 1881, qu'avant lui, aucun des 60 historiens de La Salette connaissant les faits, n'avait osé révéler la dureté administrative à l'égard du pauvre Maximin. Quoique la presse officielle du diocèse de Grenoble ait fini par être favorable à ce digne enfant de Marie, j'estime qu'il n'est pas bon de garder le silence sur des actes regrettables de l'Autorité, parce qu'ils sont à l'honneur d'un voyant qui ne s'est pas enrichi avec tout ce qu'il a fait pour Notre-Dame de La Salette et la construction même matérielle de son sanctuaire sur la sainte montagne. En un seul jour, il donna aux Missionnaires la somme de cinq mille francs, produit de différentes collectes après son récit aux pèlerins de l'événement du 19 sept. 1846 ! Et je crois que jamais, en toute sa vie, il n'en a reçu autant dans sa profonde misère, ni des Missionnaires ni de l'évêque de Grenoble !... En tout cas, je reproduis ses appels à leur bon cœur, d'après l'histoire demeurée irréfutée et qui sur ce point ne sera jamais démentie. Je me hâte de rendre hommage au bon cœur de quelques Pères de La Salette, tels que les Pères Giraud et Buisson, toujours fidèles et dévoués à Maximin, qui refusait de recevoir de l'argent des pèlerins connaissant sa position précaire.

Rien de plus éloquent que ses lettres de demandes de secours ; elles sont nombreuses, longues et motivées. Contentons-nous de quelques extraits bien loyaux. Le 24 déc. 1864, il écrivait au P. Berlioz : « Quand je suis allé au grand séminaire de Dax, cela était malgré moi. Quand à mon retour, je me suis placé, moi tout seul, avec un petit secours de parole seulement chez le percepteur de La Trance, M. Gerry, vous avez consenti à payer ma pension alors seulement pour un mois ou deux. Quand je fus bientôt renvoyé, faute de savoir le calcul, et que je pris la route de Paris, vous en avez été tous heureux. Quand, après m'être placé, et moi seul encore une fois, je fus de nouveau obligé de quitter le bureau, faute de bien connaître mon orthographe, vous m'avez abandonné ! Quand j'ai fait ma demande de secours comme malade impotent, tout rempli de douleurs rhumatismales pour avoir couché sur la terre humide et souffert la faim et la soif dans Paris, vous l'avez dédaignée. Vous avez jeté le blâme sur moi et sur tous ceux qui m'ont fait du bien, pendant qu'à La Salette on bénéficiait de la parole de Mélanie et de la mienne... Refusez donc à l'évêque ce qu'il vous donne pour vous, s'il refuse encore de donner du pain au premier missionnaire de N.-D. de La Salette. Accordez-moi donc ma demande, dussiez-vous mettre une pierre de moins au sanctuaire. Et alors celui qui a tout abandonné à N.-D. de La Salette aura du pain. »

Le P. Berlioz s'excusa dans une longue lettre du 15 janvier sur sa... pauvreté personnelle ! En 1869, Mgr Ginoulhiac, évêque de Grenoble, fut plus dur encore que ce bon missionnaire de La Salette. Il est vrai que le Berger lui demandait une petite pension alimentaire, qui l'aurait mis à l'abri du besoin et qui l'aurait particulièrement dispensé de faire, à La Salette, le métier de liquoriste qui lui répugnait. Voici le texte de Maximin écrivant, le 26 oct. 1869, aux époux Jourdain, ses parents adoptifs, eux aussi dans une situation précaire qu'il voulait faire cesser sans ce commerce :

« Les missionnaires de N.-D. de La Salette, le Père Giraud en tête, ont été admirables pour moi et pour vous. Ils sont allés se jeter aux pieds de Mgr et le supplier de nous venir en aide. Son cœur d'évêque a été aussi dur et aussi froid que la glace. Il m'a désespéré ainsi que les bien-aimés Pères. Je ne demande plus rien à S. G.; je crois lui avoir témoigné toute ma respectueuse déférence pour son caractère épiscopal. Néanmoins dorénavant je ne veux plus recourir à lui. Entre lui et moi, c'est fini ! ».

Cependant, poussé par une plus grande misère, Maximin revint frapper, en 1872, à la porte de son successeur, Mgr Paulinier ; le 2 mars, il lui écrivait en ces termes touchants : « Je suis allé invoquer la charité des bons Pères de N. D. de La Salette. Ils sont tous pour moi. Leur cœur est navré de douleur en voyant Maximin de La Salette, le premier missionnaire de l'auguste Apparition, dans une aussi triste situation, tandis que, ayant tout en abondance, ayant bon vouloir et bonne intention, eux ne peuvent me secourir sans votre autorisation. Ils me conseillent de vous exprimer toute la peine qu'ils éprouvent de me savoir un pauvre honteux. Ayant fait une grande provision de charbon, de blé, de pommes de terre, si vous leur permettez de m'en donner une poignée qui me rendrait énormément service, ils n'en souffriraient pas, me disent-ils. Et pendant l'été, gagnerai-je assez pour suffire à mon entretien ? Il ne me va pas de mendier, soyez-en persuadé, Monseigneur. Et dès que je serai à même de gagner ma vie, j'aurai hâte de vous laisser pour d'autres pauvres les secours que j'implore. Ce n'est que le grand besoin, la faim, qui parfois me fait demander du pain à M. le curé de Corps et au P. Pons ; si rude a été l'hiver ! Nous avons tant souffert ! Que votre cœur ne soit pas fermé à un pauvre enfant de votre diocèse. »

L'évêque de l'hiver 1872 fut de glace, tel que Mgr Ginoulhiac ! Comment expliquer sa cruelle administration envers l'enfant privilégié de N.-D. de La Salette, dont le pèlerinage a fait la gloire du diocèse de Grenoble ? Le pèlerinage a enrichi des muletiers, des voituriers et des hôteliers, pendant que son plus grand défenseur mourait de faim sous les yeux de l'Eglise ! Pourquoi donc cet abandon ? Maximin était coupable de ne pas obéir aux pieux désirs de Mgr Paulinier ; celui-ci aurait voulu que le Berger fût prêtre ou religieux. Le 26 avril 1872, Maximin répondait ainsi à son intraitable évêque : « Je ne veux pas devenir un mauvais prêtre, à l'instar des Hyacinthe, des Junqua et consorts. Si Dieu m'avait appelé à être religieux, il y a longtemps que je le serais, et à parler selon les gens du monde sans foi, c'était l'unique route que j'avais à suivre pour obtenir gloire et richesse. J'aime mieux la pauvreté dans le monde que les trônes des pontifes et toute la gloire des grands prédicateurs. »

Que je regrette d'être obligé d'abréger cette lettre si noble et si courtoise du pauvre liquoriste de La Salette, endetté ! L'évêché de Grenoble a certainement la responsabilité de cette condition humiliante pour le Berger de Marie, ou mieux elle est à la charge de la seule conscience de Mgr Paulinier, par cette raison évidente que le pouvoir épiscopal dans l'Eglise est absolu et que l'évêque n'est pas forcé de suivre les avis de son conseil officiel qui n'a que voix consultative. Or, l'exercice du pouvoir absolu est en soi corrupteur, à cause de l'orgueil inné chez tout homme, et particulièrement chez les évêques qui y sont portés, sans s'en douter, en vivant dans un atmosphère délétère d'encens, de génuflexions et d'adulations. Il ne faut donc pas s'étonner des fautes administratives, avec les principes de césarisme qui sont en pratique journalière dans le gouvernement ecclésiastique. Voilà la réflexion que m'inspire l'insuccès de quelques chanoines allant parler à l'évêque en faveur de Maximin et des Jourdain.

Souvent les pauvres souffrent en paix toutes sortes de privations matérielles, à la condition d'avoir la santé et du travail, qui sont les deux choses qu'ils demandent au bon Dieu. La faveur d'une bonne santé qui, semblable au soleil, dissipe la tristesse, a été refusée à notre messager de Marie, depuis l'âge de 28 ans jusqu'à sa mort par Celui qui fait chanter les petits oiseaux, vivant sans souci du lendemain. Le nouveau Bélisaire de N.-D. de La Salette a été souffrant pendant les 12 dernières années de sa vie. Dès le 14 nov. 1864, le médecin du grand séminaire d'Aire lui avait annoncé la maladie qui le fit mourir lentement : une affection au cœur, l'endocardite. La cause éloignée de son mal se trouve dans ses privations et ses imprudences ; de 18 à 25 ans, Maximin pendant les chaleurs de l'été aimait à s'étendre sur le gazon, à l'ombre des grands arbres, et recherchait même les courants d'air. Et plus tard, sans aucune crainte, il s'était défait de la ceinture de flanelle rouge qu'on lui avait fait prendre au régiment des zouaves pontificaux.

C'est particulièrement en l'hiver 1873-74, que son asthme habituel prit un caractère de gravité excessive. Lorsqu'au mois de juin 1874, il était déjà enflé, il se trouvait sans pain, sans sucre et sans argent pour acheter les remèdes prescrits. Quelquefois, par des accès d'oppression, il s'était vu près de mourir. Il passa tout son dernier été à Corps, en 1874, sans pouvoir gravir une seule fois sa chère montagne. N'est-ce pas tout dire ? Et comment pouvoir guérir avec 60 francs d'aumônes qu'il obtint difficilement pour chacun des derniers mois de sa vie, et à la vue des privations, même de linge, dont souffraient ses parents d'adoption, autrefois riches ? Malgré toutes ses belles relations avec des amis fortunés et ses appels discrets à certaines bourses qui auraient dû s'ouvrir facilement, Dieu a permis que l'apôtre de sa divine Mère mourût dans une cruelle pauvreté. Le Ciel lui a, de plus, imposé la vive douleur de laisser les Jourdain sans moyens d'existence à la fin de leur vie de bienfaisance ! N'était-ce pas pour lui le comble de la pauvreté ?

Dans cette vallée de larmes, il y a pour la faiblesse humaine quelque chose de plus dur à supporter que la pauvreté, même noire, c'est l'humiliation. C'est pourquoi rien ne me ravit plus que cette réponse de s. Jean de la Croix à Notre-Seigneur lui demandant quelle récompense il voulait : « Souffrir et être méprisé. » Eh bien ! le Ciel l'a accordée au célèbre voyant des Alpes, représenté si glorieusement dans tant de sanctuaires, devant la divine Apparition de 1846. Laissons de côté tous ceux qui par écrit ou de vive voix ont discrédité Maximin après sa mort, disant qu'il avait mal tourné. C'est le refrain ordinaire de ceux qui veulent parler de lui sans avoir lu sa véritable histoire. Ah ! vraiment jusqu'à nos jours, il est un grand méconnu, quoique le dernier historien de l'Apparition ne lui soit pas défavorable, tout en faisant un regrettable silence sur les secrets de La Salette (1).

Occupons-nous des seuls opprobres connus que notre héros a dû sanctifier avec sa patience habituelle. Je sais qu'à propos de quelques surprises peu graves en matière de boisson, il a reçu de véritables avanies. Je ne crains pas de dire qu'il en faisait peu de cas, parce que tout ce qui concernait l'honneur de sa vie privée, a-t-il écrit, le touchait peu et que dans ce cas il se renfermait assez volontiers dans un noble silence. Mais les outrages qui nuisaient à sa mission le blessaient vivement au cœur et il se faisait un devoir, avec raison, de se défendre selon les circonstances. En 1865, diffamé par un journal boulevardier, la *Vie parisienne*, n⁰ du 11 novembre, non seulement il a exigé par les voies légales une réparation d'honneur, mais encore il a mis les choses au point dans sa brochure « *Ma profession de foi* ». C'est un vrai monument dans l'histoire du fait de La Salette. Pendant 18 mois, il devint plus tard l'objet d'attaques passionnées à cause de son genre de vie de liquoriste sur la montagne même où il fut favorisé d'une vision vraiment

---

(1) *Histoire de l'Apparition de la Mère de Dieu sur la montagne de La Salette*, par le R. P. Carlier, prix 4 fr.

divine ; on le traitait pour dettes involontaires d'escroc et de fourbe. En conséquence, il fit un procès commercial, le 14 mars 1873, à l'exploiteur Viviers qui lui causait un si grand préjudice matériel et surtout moral. Et ce procès fut tout à son honneur, en mai de la même année ! Il n'hésita pas non plus à assigner en demande de dommages et intérêts l'imprimeur des *Annales des Pères de La Salette*, tout en s'excusant auprès du R. P. Supérieur d'être obligé d'en venir à cette extrémité. Dès les premières réclamations de Maximin, on fit disparaître ce numéro diffamatoire de juin 1872, devenu maintenant introuvable ; mais on trouve à la Bibliothèque Nationale (Lc 11-398 ter) celui de juillet 1870, page 224, qui donne la première idée de la diffamation.

Rien dans toute son existence ne fut plus sensible au serviteur de Marie que de s'entendre calomnier du haut de la chaire du sanctuaire de La Salette par son évêque, Mgr Paulinier, au pèlerinage national du 21 août 1872. Ce prélat lui reprochait publiquement d'être un enfant prodigue et d'avoir abusé de la grâce d'une vocation sacerdotale ou religieuse ; et, en punition de Dieu, il le montrait un être déclassé ! Ces reproches immérités étaient entendus par des milliers d'auditeurs qui s'en firent l'écho inconscient. En ce jour mémorable, le pauvre compagnon de Mélanie ne put s'empêcher de s'éloigner de la foule des pèlerins et d'aller en secret pleurer à chaudes larmes et longtemps. Toutefois, il ne voulut pas protester ouvertement contre son diffamateur, dont il n'aurait pas changé les idées préconçues, puisque, dans sa lettre irréfutée du 26 avril de la même année, il s'était plaint à lui inutilement de recevoir des lettres signées de prêtres de son diocèse et de certains Pères de La Salette, lui écrivant qu'il était... *l'opprobre du genre humain* (*sic*).

L'abbé Le Baillif avant de publier son bel ouvrage « *Maximin peint par lui-même* », voulut consulter Mélanie sur un fait de 1849 relatif à l'enfance du Berger qu'on accusait d'avoir escaladé les murs de l'école et d'avoir pris la clé des champs, par dépit et ennui d'être interné chez les religieuses de Corps. « Non, répondit la vénérée Bergère, Maximin n'a pas escaladé les murs du couvent ; non, il ne s'est jamais plaint de notre paisible vie de communauté, loin de là ; mais il a escaladé avec une générosité admirable des murs de calomnies et de contradictions pour suivre les traces du divin Crucifié. » Une certaine participation aux humiliations du divin Sauveur, voilà la raison providentielle du discrédit immérité de beaucoup de serviteurs de Dieu. Et généralement, c'est par le bon esprit des martyrs à souffrir en paix, que l'on reconnaît l'aveuglement parfois satanique de leurs persécuteurs. Mais, qu'il en coûte pour souffrir patiemment l'injustice, malgré cette parole si consolante de l'Homme de douleur : bienheureux ceux qui souffrent pour la justice ! Où donc Maximin a-t-il trouvé le secret de sa vertu dont la perfection est dans la patience ?

Dans la prière et particulièrement la fidélité à réciter chaque jour de sa vie le chapelet, qui était l'une de ses plus chères dévotions. Pendant ses longues maladies, on peut dire que le chapelet était son occupation à peu près continuelle ; et en santé, si avancée que fût la soirée, dans sa vie de séminariste, d'étudiant, de soldat ou de jeune homme du monde, jamais il ne s'est mis au lit sans avoir dit son chapelet. M. Guidecoq, de Pontmain, son meilleur ami et compagnon au régiment des zouaves pontificaux, a dit de Maximin : « Je ne pouvais pas l'empêcher de prier une partie de la nuit. ».

Sans la prière, on souffre comme un damné ; mais avec elle, on sanctifie toutes les épreuves de la vie, même les plus difficiles : les humiliations. En 1865, à son retour de l'armée pontificale, Maximin vint se fixer dans la villa des époux Jourdain, près de Paris. Pendant environ 3 ans, il y vécut honoré, et comme on le croyait riche, il y était beaucoup visité. Il reçut même à sa table et sous son toit un singulier commensal qui le paya de son hospitalité par des plaisanteries de mauvais goût, devenues habituelles, en traitant le Berger de La Salette de comte et de duc. Cet individu ne voyait en lui en réalité qu'un rustre et un manant jouant au grand seigneur dans la belle propriété de ses bienfaiteurs ; il le lui faisait sentir, même à table, avec des invectives et des lazzis dépassant toutes les bornes. On ne pouvait comprendre la patience de Maximin ; or, un jour, cette patience fut vraiment héroïque. L'insulté se lève de table et va embrasser sincèrement son insulteur ! Ce trait de bonté d'âme a été constaté par un témoin oculaire, un prêtre, qui l'a rapporté à l'abbé Le Baillif, son biographe. Lui-même, à son tour, a lu dans le règlement de vie que le Berger s'était tracé, cette résolution : « Je supporterai sans me plaindre les injures et les mépris. »

MAXIMIN GIRAUD

Honoré

Dieu protège l'humble, et, après l'avoir humilié, il l'élève en gloire, dit l'auteur de l'Imitation (liv. ii, ch. 2). Il n'a fait que traduire largement ce verset du psaume 54 : « Non dabit in æternum fluctuationem justo ». On remarque effectivement dans la vie des saints un mélange surprenant d'humiliation et de glorification ; en voici un exemple. S. Jean de la Croix dans sa dernière maladie fut persécuté par le prieur de son couvent, et il fut ensuite honoré de la visite du provincial devenant bientôt témoin d'un miracle éclatant, à la mort du saint. D'ailleurs, les hommes supérieurs ont le privilège de susciter des sympathies et des antipathies très vives, de sorte que, pour bien les juger, il faut savoir s'éloigner de la louange sans réserve et du dénigrement systématique.

Pour sa part, Maximin a expérimenté pendant sa vie la vérité de ce singulier privilège. Des pèlerins lui ont baisé les mains et des prêtres lui ont en quelque sorte craché au visage, avec la défaveur de deux évêques successifs de Grenoble, NN. SS. Ginoulhiac et Paulinier. Ce contraste dans la vie de notre saint Berger ne doit pas être effacé de son histoire, et après avoir vu Maximin éprouvé, nous avons le devoir de le montrer honoré par les hommes et surtout par Dieu.

Du côté des hommes, tout peut se résumer en deux actes principaux et en quelques témoignages remarquables. Grâce à deux historiens, la mémoire de ce juste si méconnu ne peut plus périr ! En 1881, M. Le Baillif, curé au diocèse d'Evreux, a érigé une vraie statue au Berger de La Salette dans son ouvrage monumental: « *Maximin peint par lui-même* ». Le tort de l'auteur est d'avoir écrit l'histoire d'un personnage religieux sous le voile de l'anonymat ; mais il faut l'excuser. La faute en est à Mgr Fava. Sentant sa fin approcher, le messager de Marie, deux mois avant sa mort, avait conjuré un jésuite, le P. Bayle, de publier sa vie. C'était la pensée dominante de ses derniers jours : il voulait continuer sa mission après sa vie, non pas tant par le récit des faits qui le concernaient personnellement, que par une publication de notes considérables qu'il laissait sur l'Apparition de 1846. A défaut du P. Bayle, Mélanie, le 21 juin 1879, conjurait l'abbé Le Baillif de faire imprimer au moins la vie de Maximin, dont il avait reçu tous les documents des mains des époux Jourdain, qui comptaient toujours sur une parole et même un écrit de Mgr Fava promettant d'approuver hautement la publication de cette vie. Mgr Fava ayant peur de la vérité, M. Le Baillif fut obligé de se dissimuler pour être libre de la dire. Par conséquent, l'hommage que ce curé du diocèse d'Evreux a rendu à Maximin est vrai et aussi courageux que possible dans les circonstances. Qu'il en soit à jamais remercié !

En 1898, Mr Schmid, dans son volume douloureusement historique : « *Mélanie et le cardinal Perraud* », a consacré les pages 343/397 à un coup d'œil rapide sur la vie et la mort de Maximin, avec le texte de son testament de 1870, confirmant sa déposition solennelle de témoin du Fait miraculeux de l'Apparition de la Vierge en pleurs. On trouve cet ouvrage à la librairie Chamuel, 5, rue de Savoie, Paris. L'avantage particulier de cette notice biographique est de signaler les noms de nombreux amis du Berger de La Salette, parmi lesquels on remarque l'éminent chanoine Brettes, du chapitre de Paris, son condisciple.

En dehors de ces deux ouvrages, on n'a que des renseignements très incomplets et souvent peu flatteurs sur celui qui fut le digne compagnon de la vénérée Mélanie. Voyons rapidement l'estime que Maximin a inspirée à des hommes dont le nom fait autorité. Le premier évêque qui fit le pèlerinage de La Salette, en 1847, fut Mgr Villecourt, de La Rochelle, mort cardinal à Rome, en 1897. Dans son ouvrage d'octobre 1847 : « *Nouveau récit de l'Apparition...* », il a fait un beau portrait du caractère du petit Berger de Marie, dont voici quelques extraits : « Caractère vif, mais sans aucun emportement ; il inspire de l'intérêt par la suavité de sa parole et la candeur avec laquelle il s'exprime. Il est naturellement aimant, caressant, reconnaissant et sensible... Il se possède assez pour ne se fâcher jamais. Cette disposition semble lui être naturelle. Soyez grand ou petit, riche ou pauvre, il ne considère que la valeur de ce que vous lui dites. Si vous paraissez prendre à tâche de le contredire, il vous regarde en pitié ou lève les épaules : « Si vous n'êtes pas disposé à me croire, pourquoi m'interrogez-vous ? » Il est d'une politesse charmante. Il est généreux et désintéressé ; il se dépouille de tout ce qu'il a pour le donner. Parlez-lui de la mort, vous verrez qu'il n'en a aucune crainte. Son attrait est de servir la messe. Son humilité est sincère ». La première impression étant la bonne et la meilleure, le cardinal Villecourt ne cessa jamais d'estimer et d'aimer Maximin, particulièrement à Rome, en 1865, où il le fit recevoir aux zouaves pontificaux et peut-être en audience privée et secrète de Pie IX qui, en 1851, exigea l'incognito au Vatican sur le voyant, probablement, je pense, à cause du caractère *politique* de son secret.

Dans sa brochure de 1856 : « *La nouvelle Aurore* », M. Similien, professeur à l'école des Arts et Métiers d'Angers, nous parle de Maximin en ces termes : « Je savais qu'il avait été trop déprécié par les uns, et trop exalté par les autres ; aussi voulais-je juger par moi-même de ce jeune homme grand et vigoureux et ayant dépassé l'âge de 17 ans... Ce qui me fit plus de plaisir que tout le reste, ce fut son détachement complet de ce monde et de lui-même, sa crainte extrême d'agir contre la volonté de Dieu et sa foi plus inébranlable que jamais en la sainte Apparition. Je lui demandai s'il n'avait pas peur de la mort ? Cette question lui sembla étrange — « Eh ! pourquoi donc, me répondit-il, serais-je effrayé de la mort ? Dussé-je sacrifier ma vie dès ce soir, je suis prêt à la rendre à celui qui me l'a donnée ; je n'y tiens pas. Puisque nous devons mourir, que ce soit un peu plus tôt ou un peu plus tard, peu importe ! D'ailleurs ne faut-il pas sortir de ce monde pour prendre possession du ciel ? »

M. Nicolas, avocat à Marseille, qui, sur la recommandation de Léon XIII, publia deux brochures en 1881 et 1884 sur « *La défense du Secret de Mélanie* » écrivait, le 7 nov. 1865, à Maximin ces mots flatteurs : « Le P. Calage que vous avez vu est le mystique le plus fort de la Compagnie de Jésus. Il a des lumières spéciales pour découvrir le surnaturel divin et le discerner du diabolique. Vous ne vous êtes guère douté de son action, peut-être. Il a été fort content de vous avoir fait subir un examen en règle. Il n'en a été que plus affermi. Il a fait savoir à Mélanie votre passage à Marseille et votre entrevue avec lui. »

Le *Pèlerin* (de l'Assomption), dans son numéro du 4 oct. 1879, nous

raconte un fait tout à l'honneur du Berger de La Salette. M. l'abbé
Tardif de Moidrez, pèlerin bien connu de La Salette et apôtre si merveilleux de cette divine Apparition qu'un jour, en 1877, à La Salette, il
guérit miraculeusement et sur-le-champ une pauvre femme aveugle avec
de l'eau de la source, fut si affecté de la mort de Maximin, son ami,
qu'il prit une singulière résolution. Dès ce moment, il prit son nom afin
de continuer la mission du Berger, et il signait *Maximin* dans ses lettres intimes. Souvent il avait dit qu'il voulait être enterré près de Maximin ; du moins ce bon prêtre est mort à Corps, en descendant, déjà
souffrant, de la montagne de La Salette, qui lui était si chère, depuis
1872, qu'il y venait chaque année.

Les saints sont remarquables par leur bon sens et la rectitude de
leur jugement, parce qu'ils ont l'esprit de Dieu et qu'ils jugent des
hommes et des choses principalement au point de vue surnaturel qui
doit tout dominer. J'attache donc une grande importance à l'appréciation
de Maximin par Mélanie, considérant qu'elle est une *sainte* que j'ai eu
l'honneur de connaître personnellement dans sa vie privée. Eh bien !
voyons ce qu'elle pensait de son compagnon, qu'elle n'a jamais perdu
de vue sur le chemin de la vie. Le 20 fév. 1881, elle écrivait à M. Le
Baillif en ces termes que l'on trouve imprimés dans l'ouvrage « N.-D. de
La Salette et ses deux élus » (1) : « Quand donc paraîtra votre volume :
Maximin peint par lui-même ? Il me tarde de le lire. Je vous remercie
de m'avoir envoyé les *Annales* (de La Salette) renfermant quelques
lettres du bon et loyal Maximin. Oh ! c'est bien lui, c'est bien lui, je me
disais en les lisant, et c'est bien toujours lui ; dans la souffrance il ne
voulait pas s'apercevoir qu'il souffrait. Je crois qu'il a beaucoup souffert
et toujours en silence ; en vérité, je suis couverte de confusion quand
je vois combien je suis éloignée de sa vie toute cachée en Dieu ; et si je
parviens à arriver au ciel, je ne toucherai même pas les chevilles de
ses pieds. Souvent je le prie de m'obtenir cette générosité d'âme qui
me serait si nécessaire ».

Le 11 sept. 1901, j'avais la consolation de prier devant la tombe du
Berger de Marie avec Mélanie que j'avais accompagnée avec trois autres
prêtres dans son pèlerinage à La Salette. Je n'oublierai jamais ces paroles textuelles qu'elle m'a dites : « Disons un *Pater* et un *Ave* pour la
gloire accidentelle de Maximin qui est au ciel. » Quelques instants
après, M. Barbe, ex-maire de Corps, qui avait obtenu du Conseil muni-
cipal pour Maximin la concession gratuite au cimetière, vint nous rejoindre avec les autres prêtres de notre petit pèlerinage ; alors Mélanie
recommença à faire l'éloge du défunt et, si mes souvenirs ne me trom-
pent pas, je crois qu'elle a parlé devant moi en ce sens à l'un de mes
confrères : « Pas de *De profundis* sur la tombe de Maximin ! Il est au
ciel ! — En êtes-vous bien sûre, ma Sœur ? lui dit l'un des prêtres pré-

(1) *N.-D. de La Salette et ses deux élus*, chez Domin, rue de la Monnaie, Caen
(Calvados).

sents. — Oui, j'en suis sûre. » Et étendant la main sur la tombe, elle ajouta : « Je le jure. » Puis, prenant une fleur de cette tombe (surmontée le long du mur d'une plaque en marbre blanc avec inscriptions en lettres dorées), elle l'offrit au prêtre qui lui avait adressé cette interrogation, lui disant : « Gardez cette fleur, car elle a poussé sur la tombe d'un saint. » Ce que je puis affirmer sur l'honneur, c'est la conviction profonde de Mélanie de se trouver avec joie devant la tombe d'un élu de Dieu déjà triomphant au ciel. En effet, en arrivant à Corps, elle fut la première à dire : « Allons sur la tombe de Maximin. » Non pas pour prier, ce n'était pas sa pensée, mais pour vénérer les restes d'un grand serviteur de Marie. En tout cas, c'est en ce jour, pour la première fois de ma vie, que mon âme, sous l'impulsion de Mélanie, s'ouvrit à l'admiration pour Maximin, dont je n'avais pas encore lu la belle vie par son digne historien, M. Le Baillif. Quant à la sûreté du coup d'œil de la Bergère, voyant déjà au ciel son compagnon, et à sa joie réelle et communicative de se trouver devant son tombeau, je la partage, parce que Mélanie, pendant sa vie, a été certainement prophétesse et voyante dans plusieurs circonstances, notamment à la veille de l'élection de Léon XIII. Je renvoie le lecteur à la page 151 de l'ouvrage cité. Les admirateurs de Maximin se trouvent donc à bonne école.

Quelque flatteur que soit pour le Berger le témoignage qu'il a reçu de Mélanie pendant sa vie et après sa mort, je mets au-dessus l'honneur que Dieu lui a fait en inspirant pour cet orphelin de Corps aux époux Jourdain un dévouement inlassable de 14 ans, à partir de 1861 jusqu'à sa mort en 1875. Rien n'a pu ralentir ni même refroidir leur affection paternelle pour lui, quoiqu'il ait été l'occasion principale de leur ruine financière ; et ses déboires, ses humiliations et sa longue maladie n'ont fait que le rattacher à eux de plus en plus. Ils lui sont restés fidèles et dévoués littéralement jusqu'à la mort, en recevant l'un et l'autre son dernier soupir. Une telle fidélité de l'amitié est une grâce du ciel que Maximin a parfaitement reconnue en écrivant lui-même ces mots : « J'ai reçu dans ma vie trois grandes grâces : la première, à la montagne de l'Apparition dont j'ai été honoré malgré mon indignité ; la seconde, à l'église de Corps où j'ai fait ma première communion ; la troisième, dans la maison Jourdain où j'ai été adopté par une excellente famille chrétienne. Non, désormais qu'on ne me souhaite plus rien. Je ne veux plus rien. C'est trop de bonheur sur la terre ! »

Ce n'est pas tout. Personne n'étant plus père que Dieu, Maximin a été plus honoré par le Tout-Puissant que par les hommes qui lui ont témoigné de l'estime et lui ont fait honneur de vive voix et par écrit. Voyons maintenant comment Dieu l'a favorisé et dédommagé de l'antipathie de ses deux ministres à Grenoble, Mgr Ginoulhiac et Mgr Paulinier, devenus pourtant archevêques, le premier à Lyon en 1870, le second à Besançon, en 1875. Outre le privilège exceptionnel d'avoir vu la Mère de Dieu, de l'avoir entendue et d'avoir reçu d'elle un secret vrai-

ment important, on compte dans la vie du Berger trois faveurs mystiques, préférables à toutes les richesses et à tous les honneurs de ce
monde, parce qu'elles prouvent que Dieu est intervenu miraculeusement
en sa faveur dans ces trois cas : une guérison, une apparition de s. Joseph et une nouvelle assistance du même protecteur dans ses derniers
jours.

Alors que Maximin étudiait la médecine à Paris, il reçut d'un jeune
docteur un morceau de chair humaine rapportée de l'amphithéâtre
comme sujet d'étude. Dans son vif désir de s'instruire, il le prit et le
retourna sans remarquer qu'il s'y trouvait un endroit déjà décomposé
et dont le contact avec une forte cicatrice qu'il avait au pouce allait lui
être funeste. C'était la gangrène, l'empoisonnement, la mort foudroyante.
Il ne s'aperçut de cette imprudence qu'à la vive douleur qu'il ressentit
en rentrant dans la maison Jourdain, son domicile. — « Vite, dit-il à sa
mère adoptive, je n'ai plus que quelques heures à vivre, en lui expliquant son cas. Vite ! un prêtre pour me confesser. Vite ! cela presse. »
L'heure se trouvait déjà bien avancée dans la soirée, et ni prêtre, ni médecin n'arrivaient. L'inflammation faisait des progrès rapides, les douleurs devenaient de plus en plus aiguës. Alors Mme Jourdain a l'inspi
ration de verser de l'eau de La Salette dans un verre et d'y plonger le
pouce du malade. Tous deux demandent avec foi la guérison. Bientôt
un léger soulagement se fait sentir ; deux ou trois fois le pouce est trem-
pé dans la même eau avec ardeur et confiance. O merveille ! une parcelle
de chair verdâtre se détache de la main du patient qui s'écrie: « O miracle!
Marie, ma bonne Mère de La Salette m'a guéri. » Et en effet, en un instant, toutes les douleurs avaient cessé pour ne plus reparaître.

Ce premier miracle nous rendra plus facile à croire un autre advenu
à Paris, en 1859, quand le Berger, ne voulant ni mendier, ni se faire
des protecteurs à l'aide du secret de la Belle-Dame, se vit réduit quelque temps à coucher sur le pavé et à être sur le point de mourir d'inanition. Je vais le raconter aussi brièvement et exactement que possible.
Dans une lettre du 28 oct. 1859, le pâtre des Alpes écrivait discrète-
ment à sœur Thècle, qui avait été pour lui une mère au couvent de
Corps : « Je suis resté près de 4 mois dans les rues de Paris sans res-
sources... Un jour que je me trouvais à la chapelle de la T. Ste Vierge,
derrière le maître-autel de St-Sulpice, je priais la tendre Reine des
Anges sous le vocable de *Mater afflictorum*. Puis je fus consolé beaucoup, et beaucoup encouragé. » Comment ? Nous allons le voir.

Le 8 décembre 1863, amené par diverses circonstances, Maximin a
raconté lui-même le miracle dont il fut l'objet en 1859 à Saint-Sulpice.
De vive voix il en a parlé au Collège de N.-D. de la Croix, au Mans, et
des ecclésiastiques ont pris des notes de son récit détaillé, lequel fut
reproduit par la *Semaine Religieuse* de Moulins, 3 oct. 1896. En voici
l'abrégé : « J'ai bien faim, disait-il à la Ste Vierge. Encore quelque peu
et je vais tomber d'inanition. Si vous ne voulez pas me tirer de la misère

où je suis, alors je vais m'adresser à votre époux s. Joseph qui, lui, aura pitié de moi ! » Comme il était affaibli par un jeûne prolongé, il ne tarda pas à s'assoupir dans l'église. Il fut réveillé par un homme vénérable qu'il ne connaissait pas et qui l'invita à le suivre chez un restaurateur. L'inconnu commanda pour Maximin un repas auquel il ne prit pas part. Quand le pauvre de Saint-Sulpice fut rassasié, l'inconnu lui dit d'aller au Mont-de-Piété retirer l'habit qu'il y avait engagé, ajoutant que dans la poche de ce vêtement il trouverait un billet qui le mettrait à l'abri de la misère. Cela dit, il disparut sans se faire connaître. Docile à cette recommandation, le voyant de La Salette demande au Mont-de-Piété son vêtement, sans avoir de quoi le retirer ; mais il fouille dans la poche de cet habit et y trouve, en effet, un billet dont il s'empresse de prendre connaissance. C'était un testament qu'une personne charitable avait fait en sa faveur. Maximin le montra à un notaire qui le trouva rédigé en bonne forme ; on fit diligence pour son exécution et une somme de quinze mille francs fut finalement versée. Maximin n'a jamais pu s'expliquer ces événements que par la protection de s. Joseph. Et nous devons partager sa conviction bien fondée et approuver sa dévotion persévérante envers le père nourricier de l'Enfant-Jésus ; nous ne serons pas étonnés de le trouver encore mystérieusement lors de la dernière maladie de Maximin.

La grâce des grâces est celle d'une bonne mort, qu'il faut sans cesse demander à Dieu et surtout mériter par une bonne vie. La mort est même le point culminant de la vie puisque, d'après l'Ecriture, elle en est la récompense ou le châtiment ; il faut donc consacrer au moins quelques lignes au récit de celle du célèbre voyant de 1846 dont le nom est inséparable de celui de Mélanie et même de Marie sous son vocable impérissable de Notre-Dame de La Salette.

Le 4 novembre 1874, Maximin, profitant d'un retour passager de ses forces, fit son dernier pèlerinage à la sainte montagne. En mettant pied à terre, son premier soin fut d'aller sur les lieux de l'Apparition et de boire un verre d'eau à la Fontaine miraculeuse. La nuit, il fut veillé par un religieux ; le matin, il fit la sainte Communion ; pendant l'action de grâces, on remarqua son visage rayonnant d'allégresse ; il récita tout son rosaire en allant et en revenant de la Fontaine, et, dans une grande salle, raconta une dernière fois le Fait du 19 sept. 1846, pendant plus d'une heure. En descendant à Corps, il remarquait les feuilles des arbres desséchées et tombantes, symbole du dernier souffle de sa pauvre vie qui s'éteignait rapidement. Quelques jours après ce pèlerinage, la maladie reprenait le dessus ; pourtant le 2 février, se traînant avec peine, il alla faire à l'église de Corps sa dernière communion, là où il fut baptisé et où il fit sa première communion. On lui apporta la sainte hostie sur son prie-Dieu, tout près du chœur. Dès le lendemain, on peut dire que commença son agonie de trois semaines. A la suite du divin Maître, le Berger a connu les souffrances physiques, l'agonie morale dans ses derniers jours : la tristesse, la crainte et l'ennui.

Le 28 février, il raconta aux deux vieilles religieuses de Corps, qui le visitaient souvent dans sa maladie et l'avaient connu dans son enfance, quelque chose d'extraordinaire, sans rien préciser par humilité. Depuis plusieurs jours, il sentait la présence d'un *inconnu* dans sa chambre, jour et nuit ; il était invisible pour tout autre que pour le malade. Déjà il en avait parlé à M. le Curé et à quelques pieux visiteurs. Qui pouvait être cet inconnu, dont l'ombre était pour lui comme un rayon de soleil dans sa lente agonie ? On croit que ce fut saint Joseph, à qui Maximin était si redevable et si dévoué depuis son apparition dans l'église de Saint-Sulpice. « Puisque la T. Ste Vierge, avait-il dit. ne veut pas me guérir, je vais m'adresser à son époux saint Joseph. Il fera, lui, certainement quelque chose pour moi. » Effectivement, s. Joseph est venu le chercher le 1er mars, le premier jour du mois qui lui a été consacré officiellement par Pie IX en 1865.

Considérons comment le Berger de Marie a passé sa dernière journée sur la terre. Le matin, M. le Curé, qui devait s'absenter quelques heures, vint prendre de ses nouvelles ; le malade lui dit que la nuit avait été mauvaise et qu'il voyait toujours autour de lui une personne mystérieuse. Vers 2 h. de l'après-midi, il ouvre la fenêtre de sa chambre ; Mme Jourdain croyait qu'il éprouvait une suffocation qui allait l'emporter : « Non, ne craignez pas, dit le Berger. » Il voulait regarder du côté de sa chère Montagne et revoir, pour ainsi dire, une dernière fois la divine Apparition, car son attitude était grave. Vers 3 h., la mort approchait à vue d'œil ; Maximin allait mourir sans les derniers sacrements ! Enfin, le curé arrive, le confesse et lui propose de lui apporter immédiatement le saint Viatique, à cause de l'heure urgente d'un enterrement. En entendant le prêtre revenir, le mourant qui était assis, ne pouvant garder le lit à cause de l'oppression, se lève vivement et va au-devant du Dieu de l'Eucharistie le saluer avec émotion. Assis sur son fauteuil, il récite à haute voix le *Confiteor*, communie et reçoit l'extrême-onction, avec les indulgences du jubilé et de la bonne mort. La cérémonie terminée, Maximin se fait lever par-dessous les bras pour saluer debout et remercier M. le Curé. Puis, il fait quelques pas seul vers une table, où il s'appuie devant une statue de la Ste Vierge ; debout encore, il adresse à Mme Jourdain quelques paroles, dont voici les dernières : « Et cela fait..., que la très sainte volonté de Dieu s'accomplisse en toutes choses ! »

Oui, l'accomplissement de la volonté de Dieu, voilà son dernier mot. Sa mère adoptive l'ayant fait asseoir et lui ayant appuyé sa tête chancelante sur son épaule, il rendit le dernier soupir sans aucun effort. Maximin mourait en paix, âgé de 40 ans, le 1er mars 1875, revêtu des scapulaires de N.-D. du Mont-Carmel et de l'Immaculée-Conception, et les lèvres encore teintes du sang de Jésus-Christ qu'il venait de recevoir.

Une biographie serait incomplète si elle ne disait rien des funérailles et ne faisait pas ressortir un enseignement moral du tombeau. C'est ce qu'il me reste à faire rapidement. Grand fut à Corps le retentissement de la mort de Maximin. Dès que la nouvelle non imprévue en arriva aux missionnaires du sanctuaire, ils descendirent au plus tôt saluer la dépouille mortelle du digne dépositaire d'une confidence de la Reine du ciel. Près du cadavre se pressaient les parents, voisins et amis du défunt. En 1862, le Berger de Marie, qui depuis 4 ans n'avait pas revu le sanctuaire de la sainte Montagne, fut heureux d'y trouver près d'une chapelle le cœur du bon Mgr de Bruillard, l'évêque du Mandement doctrinal de l'Apparition; à son exemple, il voulut léguer son cœur à la divine Mère de La Salette. Ce legs fut effectivement accepté en principe par les Pères de la Montagne, après une lettre du donateur du 11 sept. 1863; il fut même ratifié par Mgr Ginoulhiac. Le 2 mars 1875, l'évêque successeur, Mgr Paulinier, fut prié de déclarer nettement s'il acceptait ce legs au nom du pèlerinage et s'il autorisait l'extraction de cet organe du corps du défunt avant son inhumation. Sur ce point, dans sa dépêche télégraphique, ce prélat osa répondre froidement : « Plus tard, verrons. » Le P. Perrin, des Missionnaires de La Salette, eut, à son honneur, le courage d'assumer la responsabilité de l'extraction du cœur, avant la réponse de Mgr Paulinier, puisqu'elle n'arriva, dans un second télégramme, qu'une heure avant l'enterrement. Le cœur fut embaumé par le docteur Minder, ami dévoué et fidèle de Maximin.

Aux obsèques, on remarqua l'empressement de ses compatriotes et amis d'enfance à se disputer l'honneur de porter son cercueil sur leurs épaules. Les autorités civiles de Corps tenaient les cordons du poêle. Une multitude, même d'étrangers venus des localités voisines et de Grenoble malgré l'abondance de la neige, faisait un magnifique cortège à l'enfant de Corps, avec un nombreux clergé. Je dis l'enfant de Corps en souvenir de ce que j'ai vu en 1901, à propos du pèlerinage de Mélanie à la sainte Montagne. A Corps, la foule l'entourait et la fêtait dans les rues, dès qu'elle y paraissait, tant les habitants étaient heureux et fiers de l'avoir parmi eux. Et cette fête de famille se renouvelait chaque fois qu'elle revenait au pays. Les funérailles de Maximin devaient donc être un véritable événement au milieu des siens et une manifestation sincère de sympathie, vu que des larmes de pieuse émotion coulèrent certainement de bien des yeux. Elles furent la seule et la meilleure oraison funèbre de Maximin Giraud dont la tombe ne fut pas troublée par un de ces discours officiels tant prodigués de nos jours. La presse ne resta pas indifférente au décès du Berger de La Salette. Dès la première heure, un journal radical de Grenoble, le *Réveil du Dauphiné*, piétina indignement le cadavre encore chaud de celui qui est et sera toujours un personnage honorable et même admirable dans l'histoire de l'Eglise, par sa mission et la dignité de sa vie. L'injure du folliculaire de Grenoble fut telle que l'*Unité française* protesta aussitôt, le 4 mars 1875, par une énergique et fière réplique. D'autre part, de nombreuses lettres de condoléance, contenant l'éloge mérité du défunt, vinrent consoler ses parents adoptifs. De cette corbeille de fleurs variées, je ne veux conserver à jamais que ce lys déposé par le R. P. Archier, de sainte mémoire, et deux fois supérieur des Missionnaires de La Salette, sur la tombe de l'ancien zouave pontifical : *Virginitate clarâ floruit* — Il a brillé par son éclatante virginité !

L'Eglise n'autorise, dans ses temples, l'éloge funèbre de tout personnage qu'on y veut honorer, qu'à la condition d'en tirer un enseignement pratique pour le peuple. En conséquence, dégageons de cette biographie de graves leçons. Nous le ferons en considérant deux faits, en apparence étrangers à la vie de Maximin. Personne n'ignore la popularité des pèlerinages de Lourdes, si bien que Huysmans a pu, en 1907, publier son volume : « *Les foules de Lourdes* ». A ce fait contemporain résumé dans ce volume, j'en ajoute un autre du xv\u{e} siècle. Nicolas V, sans être un saint, mais simplement un bon pape, a fait une prédiction qui fut réalisée à point nommé. En 1451, il annonça aux Grecs qu'ils seraient traités comme le figuier stérile de l'Evangile, s'ils ne se convertissaient pas en recevant les décrets du concile général de Florence. Or, Mahomet II, en 1453, s'empara de Constantinople et mit fin à l'empire chrétien d'Orient, dont la durée avait été de 1123 ans. La prédiction de Nicolas V est consignée dans les livres du célèbre Georges Scholarius, devenu plus tard patriarche de Constantinople, sous le nom de Gennade. Le châtiment annoncé par ce pape est d'autant plus certain que, pendant le mémorable siège de Constantinople qui dura 57 jours, on constata un phénomène : un globe de feu descendant lentement sur la ville coupable et s'évanouissant tout à coup.

Du rapprochement de ces deux faits, j'arrive à une conclusion pratique. Il ne faut pas oublier que les célèbres pèlerinages de Lourdes, organisés par l'œuvre de N.-D. du Salut, fondée par le P. Picard, ont débuté à La Salette en août 1872. Comment se fait-il que La Salette, visée la première par l'œuvre des pèlerinages, soit désertée et surtout privée de miracles remarquables, tandis qu'il y a foule à Lourdes et de nombreux miracles ? C'est qu'on a trop discrédité les deux témoins de Marie et qu'on a étouffé officiellement leurs deux secrets. Généralement, jusqu'à ce jour, on n'a cessé de dire ou de laisser dire que Mélanie et Maximin avaient mal tourné et que les fameux secrets ne regardaient pas le public, étant réservés au pape seul qui jugeait à propos de ne pas les publier. Si cela est vrai actuellement pour le message de Maximin, c'est absolument faux pour celui de Mélanie ; on en a fait souvent la preuve dans le *Pèlerin de Marie*. Si donc on veut que La Salette soit l'émule de Lourdes, je ne crains pas de dire, comme Nicolas V : que les *Grecs*... se convertissent, en rendant enfin publiquement hommage aux deux *Secrets* et aux deux témoins et confidents de la divine Apparition de 1846. Elle veut que ses paroles passent au peuple, afin de leur faire éviter les châtiments tant prédits.

Alfred PARENT, Missionnaire apostolique.

La "GRANDE NOUVELLE" du Secret de La Salette

L'Évangile est la bonne Nouvelle, parce qu'il est l'heureuse annonce du salut du monde par l'arrivée du Messie tant désiré ; La Salette est la *Grande Nouvelle*. C'est l'expression dont s'est servie elle-même la Mère de Dieu, en apparaissant, le 19 sept. 1846, sur un plateau solitaire des Alpes françaises. Il faut expliquer ce mot. Une nouvelle n'est pas une chose qui arrive tous les jours, et une grande nouvelle doit être un événement de premier ordre concernant une multitude, l'humanité. Or, si du fait de La Salette, on ne veut retenir que les paroles bien connues de la Vierge en pleurs sur le blasphème et la profanation du dimanche, avec quelques autres péchés de ce genre et l'annonce de châtiments indéterminés, il faut avouer que l'expression dont s'est servie Marie, la Vierge très prudente et le trône de la Sagesse, est hyperbolique. Le discours public de N.-D. de La Salette, connu de l'Église entière, ne dénonce rien de nouveau et n'annonce rien de bien grand, vu que les Prophètes de l'Ancien Testament ont souvent tenu le même langage aux juifs. Par conséquent, il ne faut pas exclure, sous peine d'illogisme, des paroles de Marie les *Secrets* de Maximin et de Mélanie, parce qu'ils forment une partie constitutive et indestructible du Fait lui-même, reconnu et approuvé par l'Église.

Le Secret de Maximin étant inconnu, il faut appliquer à celui de Mélanie la qualification de *grande nouvelle* que certainement la Mère de Dieu lui a donnée, avec ordre de le faire passer au monde. N'est-ce pas dire que cette révélation a quelque chose d'*universel ?* Voyons comment le secret de la Bergère est une grande nouvelle ; il l'est des trois manières suivantes : l'Évangile n'est plus connu ; la Fin du monde approche, et la *Rénovation* la suivra. Voilà autant de thèses qui demanderaient trois volumes. Les lecteurs du *Pèlerin de Marie*, étant au courant de ces trois questions, n'ont besoin que de quelques réflexions sur chacune de ces thèses, sur lesquelles je me propose de revenir dans cette Revue.

« L'Évangile de Jésus-Christ n'est plus connu », s'écrie la Vierge en pleurs. Qu'est-ce à dire ? Il ne tient plus comme autrefois, dans l'enseignement de l'enfance catholique, la première place, et même du haut de nos chaires chrétiennes. Ce fait, au moins en France, est si certain que Léon XIII et Pie X l'ont reconnu implicitement en donnant des lettres de félicitations à M. le chanoine Weber pour son œuvre catholique de la diffusion du saint Evangile. Marie veut dire surtout, je crois, que l'Evangile n'est plus mis en pratique. De là les maux qui ont commencé à fondre sur le monde à partir de cette plainte du ciel et qui vont redoubler, puisqu'on n'a guère tenu compte de l'Evangile. C'est un livre de *grâce,* de *paix,* de *salut,* et de *gloire* selon les paroles de s. Paul dans plusieurs de ses Epîtres. A ce témoignage de l'Apôtre, qui est celui de tous les siècles, qu'on me permette d'ajouter ceux de deux écrivains contemporains. L'illustre économiste Le Play a constaté que l'observation des commandements de Dieu, procurée par la prédication de l'Evangile, est un élément capital de prospérité indivi-

duelle, familiale et nationale. Par contre, dit-il, les peuples qui violent l'Evangile déclinent, et ceux qui le rejettent disparaissent.

Le 19 mars 1913, la *Croix* publiait un bel article de M. Ernest Dau-
det intitulé : « La folie des armements ». Est-il un remède à une situation si alarmante? se demande l'auteur. Assurément. Mais il n'existe
que là où l'humanité contemporaine semble résolue à ne pas aller le
chercher, je veux dire dans les préceptes de l'Evangile. Quelle confirmation de la vérité du *Secret* de Mélanie : « L'Evangile n'est plus connu » ! Comment Dieu le fera-t-il connaître ? Par des châtiments !

Laissons la parole à Mélanie : « Pour un temps, Dieu ne se souvien-
dra plus de la France et de l'Italie, parce que l'Evangile de J.-C. n'est
plus connu. » Ce passage est terrible ; il annonce pour ces deux pays
en particulier une crise épouvantable. En vue de la prévenir, le
Secret annonce les 35 ans et plus de châtiments préparatoires, dont,
hélas ! on n'a pas tenu compte et au bout desquels il semble qu'on
est arrivé sans s'en douter, puisque l'Evangile n'est pas mieux pratiqué depuis le 19 sept. 1846, jour de la *grande nouvelle*. N'est-ce pas le
cas de dire qu'il faut un miracle pour faire aimer l'Evangile, le code
civilisateur par excellence ? Je n'en doute pas : à brève échéance, ce
miracle paraîtra, peut-être avant la fin de 1913, visé par ce mot de
Pie IX au général Kanzler qui lui présentait les vœux des anciens
zouaves pontificaux, à la fin de décembre 1873 : « Avant 40 ans, il
arrivera que la société verra un fléau qui doit ressembler à l'engloutissement des Egyptiens dans la mer Rouge ». Cet engloutissement eut
lieu en l'espace de quelques heures ; celui dont le monde est menacé
durera plus longtemps. Combien de temps ? A partir de l'arrivée de
certains signes dans le ciel qui sont prédits, comme l'éclair avant le
tonnerre, l'étude combinée des meilleures prophéties me porte à croire
que le monde, au moins celui de l'Europe, sera pendant trois ans environ dans un état de perturbation politique et physique et verra ensuite
pendant trois mois cette époque de la Nouvelle Terreur, signalée dans
cette Revue en juillet 1911. Alors tous ces châtiments publics, terminés
par cette Terreur, feront ouvrir les yeux et ramèneront le monde à la
pratique de l'Evangile, de sorte que les *Apôtres des derniers temps* le
prêcheront ensuite avec une grande facilité, de manière à préparer
cette époque, dite du Triomphe, qui sera celui de l'Evangile, d'après le
n° d'oct. 1911 de cette même Revue.

C'est ainsi qu'on a toute l'explication de ce premier mot de la
Grande Nouvelle : l'Evangile n'est plus connu ; mais alors il sera
connu. Si, à dater de la plainte de Marie, en 1846, l'Evangile eût été
mieux connu et mieux pratiqué, nous aurions pu éviter le cataclysme
général prédit par le *Secret* ; mais hélas ! il semble que nous n'avons
plus assez de temps pour faire connaître et la *Grande Nouvelle* de La
Salette et l'Evangile du divin Sauveur de la société ; donc, nous pouvons regarder comme inévitable la réalisation de ce fatal décret : « La
terre deviendra comme un désert ». A la suite de ce châtiment mondial,
on verra la réforme des peuples, du clergé et des monarques ou conducteurs des peuples.

1°. — Réforme des peuples : « Alors se fera la paix, la réconcilia-
tion de Dieu avec les hommes ; Jésus-Christ sera servi, adoré ; la cha-

rité fleurira, les hommes feront de grands progrès, parce qu'il y aura unité parmi les ouvriers de Jésus-Christ et que les hommes vivront dans la crainte de Dieu ». — 2° — Réforme du clergé : « L'Eglise sera forte, humble, pieuse, pauvre, zélée et imitatrice des vertus de Jésus-Christ. L'Evangile sera prêché partout ». — 3° — Réforme des monarques : « Les nouveaux rois seront le bras droit de la sainte Eglise ». Le *Secret* de La Salette ne parle pas de république, mais de royautés, de la restauratiou du droit monarchique ; il parle moins encore de ce progrès matériel ou mieux de cette soif insatiable de bien-être, si générale de nos jours. Voilà le plan proposé à La Salette, en concordance avec l'esprit de l'Evangile. Mais, hélas ! on ne le comprend pas actuellement. Car, fait remarquer le Message dans cet autre texte : « Le démon a obscurci l'intelligence des conducteurs des peuples ». Et pourquoi ? « Ils ont négligé la prière et la pénitence », c'est-à-dire la pratique de l'Evangile.

L'Evangile, en s. Matth. (XXIV, 14) a un texte fort peu compris : c'est la prédication non pas successive mais simultanée de la parole de Dieu dans l'univers entier, suivie peu après de la fin du monde. Cette Revue (n° d'oct. 1911) a bien expliqué ce texte ; occupons-nous seulement de la fin du monde que nous annonce la Grande Nouvelle de La Salette en nous signalant l'arrivée prochaine de l'Antechrist. A n'en point douter, il doit venir peu avant la scène du Jugement dernier. La question de la fin du monde n'est pas précisément nouvelle dans l'Eglise, mais N.-D. de La Salette nous en donne une indication nouvelle. Je m'explique. Depuis plus de 19 siècles, on a souvent, sans cesse et même toujours, parlé de la fin du monde. Il y a sur ce sujet de nombreux traités, particulièrement de nos jours. Consultons l'Histoire en la résumant. Il est hors de doute que dans les premiers siècles de notre ère jusqu'à la mort de l'empereur Théodose, en 395, qui est la date approximative de la chute de l'empire romain, le monde catholique a été persuadé de l'imminence du second avènement de Jésus-Christ. L'Eglise sans jamais rien définir sur ce point jusqu'à nos jours, a conservé cette opinion dans sa liturgie, quand elle fait lire au clergé des passages des homélies des SS. Pères (dont quelques-uns furent papes) sur la proximité du Jugement dernier.

Voici le texte, peut-être, le plus formel. Il est de s. Ambroise : « Dans tout l'univers l'Evangile a été prêché, les Goths et les Arméniens y ont cru, voilà pourquoi nous voyons la fin du monde. » (Exp. Evang. sec. Luc., lib. X). Cette croyance s'appuyait sur la comparaison des six jours de la création et du rapprochement des 4.000 ans d'avant la Rédemption et des 2.000 après la venue du Messie. Toutefois ces deux derniers jours ou époques devaient avoir une durée beaucoup plus courte que les quatre premiers. Après la chute de l'empire romain, l'Eglise commençant à revivre avec la conversion des Barbares, l'opinion des premiers Pères tomba dans l'oubli jusqu'à l'époque de l'an 1000.

Un érudit contemporain, M. Frédéric Duval, dans une brochure intitulée « *Les Terreurs de l'An Mille* », a cherché mais en vain à faire passer pour une légende la croyance d'alors à la fin du monde. Cette croyance, il est vrai, n'a pas été universelle, ni officielle dans l'Eglise, mais presque générale; c'est si vrai que malgré la déception de l'an 1000, saint Pierre Damien, mort en 1072, et après lui saint Anselme d'Aoste, archevêque de Cantorbery, et s. Norbert, archevêque de Magdebourg au XIIᵉ siècle, annonçaient encore la venue prochaine de l'Antechrist. L'illusion de ces grands personnages étant devenue manifeste, l'opinion du monde catholique fut déconcertée jusqu'à l'apparition de s. Vincent Ferrier (1355-1419). Il est incontestable que ce thaumaturge, le plus merveilleux de l'histoire catholique, avait reçu la mission divine de prêcher le Jugement dernier et par conséquent d'implanter cette idée dans l'Eglise à coups de miracles, particulièrement par la résurrection publique d'une femme à Salamanque. Mais ce grand saint, sans s'en douter, a outrepassé sa mission, en fixant lui-même la date du Jugement dernier. Il l'avait annoncée prochaine à l'antipape d'Avignon, Benoît XIII, estimé alors par lui comme le véritable successeur de s. Pierre.

Pour atténuer la faute de son serviteur qui avait jeté le désarroi dans les esprits au sujet de l'imminence de la fin du monde, Dieu fit un don mystérieux à son Eglise, celui de la *Prophétie des papes* par saint Malachie, mort en 1148; mais elle n'a été connue qu'en 1595, à Venise. En 1904, M. l'abbé Maître, avec une érudition et une modération remarquables, a fait paraître 2 volumes sur cette prophétie. Et en 1913, M. l'abbé Radiguet, curé d'Esquay-Notre-Dame, par Evrecy (Calvados), a eu la bonne inspiration de les résumer dans une brochure populaire que nous recommandons. D'après l'étude de cette merveilleuse prophétie qui a fait ses preuves, il résulte qu'après la mort de Pie X, l'Eglise actuelle n'aura plus que neuf papes!

Par conséquent, N.-D. de La Salette, le 19 sept. 1846, n'a pas annoncé précisément une *nouvelle* en nous parlant de la fin du monde, d'autant plus qu'à ma connaissance, une soixantaine de personnages religieux anciens et contemporains ont publié qu'ils croyaient que la fin du monde arriverait vers l'an 2000 de notre ère. Et cependant, que le *Secret* de La Salette est précieux sur ce point! Avec lui, nous n'avons plus simplement l'enseignement de docteurs de l'Eglise, de papes canonisés : s. Léon-le-Grand, s. Grégoire-le-Grand, de s. Vincent Ferrier, de s. Malachie et de personnages illustres par leur science ou leurs communications surnaturelles, mais nous avons l'enseignement de la Reine des saints, descendue comme à dessein à La Salette afin d'annoncer au monde sa fin prochaine. En outre, pendant que tous ces saints dont nous venons de voir les noms se sont tenus dans un certain vague et une véritable imprécision en nous faisant apercevoir à l'horizon la descente du souverain Juge des vivants et des morts, Marie, au contraire, nous a donné deux marques de son arrivée :

1° — Une nouvelle évangélisation du monde, à notre époque, selon le texte si mal appliqué jusqu'ici de s. Matth. (XXIV, 14), que Mélanie a traduit ainsi : « L'Evangile sera prêché partout et les hommes feront de grands progrès dans la foi ». Sans doute, l'Evangile, pendant les deux premiers siècles, s'est répandu presque partout et miraculeusement, mais successivement, et il n'a pas été suivi alors de la « *consommation* », de la fin du monde, comme l'avait écrit s. Matthieu ; donc, c'est à notre époque que ce signe infaillible doit-être vu et constaté au prochain Triomphe de l'Eglise dans l'univers entier. Ensuite, Mélanie est précise, formelle, sur l'Antechrist par rapport à la date de sa naissance et à son signalement. C'est la matière d'un article que je pense faire paraître dans cette Revue.

2° — L'Antechrist doit naître à l'époque de la décadence qui suivra le prochain Triomphe de l'Eglise, lequel ne doit guère avoir qu'une durée de 25 ans. La voyante des Alpes nous apprend à distinguer entre l'Antechrist collectif et l'Antechrist personnel « l'homme de péché ». S. Paul nous fait entendre que la préparation du règne de l'Antechrist collectif a commencé dès le premier siècle de l'Eglise ; mais ce n'est qu'en 1864, dit Mélanie, que Lucifer avec un grand nombre de démons a été détaché de l'enfer par l'invasion du spiritisme et de la mauvaise presse. Ce règne, nous fait-elle comprendre, sera interrompu par le Triomphe passager de l'Eglise et repris ensuite jusqu'à la fin du monde.

Avec ces deux indications, nous pouvons et devons prévoir l'époque approximative du jour du Jugement. Il est probable que nos enfants de 10 ans verront avant leur vieillesse l'époque de la naissance de l'Antechrist et que leurs enfants ou petits-enfants assisteront aux combats formidables de l'Antechrist contre les saints. Le *Secret de La Salette* est donc une arme de défense que, sans tarder, nous devons mettre entre les mains de nos contemporains. Voilà le but principal et pratique de cet article, et l'utilité du *Pèlerin de Marie* par ses études nombreuses, variées et inédites sur La Salette et la Rénovation. Oui, nous sommes à la veille d'événements d'une importance capitale et mondiale, nous approchons de temps difficiles et périlleux ; il est donc utile de les prévoir et de s'y préparer. Malheur à ceux qui s'opposeraient à ces études de prévoyance religieuse !

La fin du monde étant très certainement proche et le caractère du message de Mélanie étant généralement douloureux : reproches à toutes les classes de la société, sans excepter les princes de l'Eglise, et annonce de châtiments incomparables, N.-D. de La Salette a eu à cœur de terminer tout son discours, fait au milieu de ses larmes, par une magnifique promesse. Qu'est-elle ? La *Rénovation* ! Réfléchissons un peu au sens des dernières paroles de la divine Apparition des Alpes : « Alors l'eau et le feu purifieront la terre et consumeront toutes les œuvres de l'orgueil des hommes, et tout sera renouvelé. Dieu sera servi et glorifié ».

Il s'agit évidemment de la purification de notre monde actuel au dernier jour ; ce qui est une vérité de foi clairement définie. Ensuite, je mets au défi tous les exégètes d'appliquer autrement que par le système de la *Rénovation eschatologique*, ces dernières paroles de la Mère de Dieu : « *Et tout sera renouvelé. Dieu sera servi et glorifié* ». En effet, la conjonction « et » prouve que Marie nous laisse sur le même terrain. Ce terrain (notre terre) vient d'être purifié ; alors tout sera renouvelé « avec la nouvelle terre et les nouveaux cieux » des divines Ecritures. Et toujours sur le même terrain (notre terre), Dieu sera *servi* et glorifié. Au ciel, on ne sert plus Dieu, on en jouit purement, simplement et éternellement. D'ailleurs, ce n'est pas la première fois que cette Revue soutient la thèse de la *Rénovation*, en tant que corollaire, conséquence et même finale du *Secret de La Salette*. Aujourd'hui je me borne à la réflexion suivante avec quelques notes non encore parues dans le *Pèlerin de Marie*.

La Reine du ciel a confirmé elle-même à La Salette la croyance à la proximité de la fin du monde, annoncée dès le premier siècle de l'Eglise, retrouvée dans une inscription lapidaire de Reims du commencement du VIe siècle, et formulée dans une foule de chartes et de cartulaires du moyen âge ; de même, elle a proclamé sans ambages la *Rénovation*, sortie mystérieusement des lèvres de Dieu et des saints prophètes et expliquée clairement de vive voix par les Pères des six premiers siècles. Cette question scripturale, patristique et liturgique, étant depuis 1896 injustement combattue et même iniquement persécutée..., triomphera tôt ou tard par N.-D. de La Salette. Car elle la recommande elle-même à l'étude du Souverain Pontife, puisqu'il est le seul et unique juge de cette vérité biblique, ce que ne saurait être le St-Office, incompétent à définir une doctrine non condamnée par l'Autorité infaillible.

A dater de la fin de 1910, le Pape n'a-t-il pas déjà honoré de son silence intelligent les preuves sommaires de la *Rénovation* contenues dans le tract « *L'avenir de l'Humanité* », sans cesse recommandé et propagé par cette Revue ? J'y ajoute ces nouvelles preuves, à l'usage des savants de Rome qui pourraient ne pas les avoir assez remarquées :

L'évangile du IIIe dimanche après Pâques (s. Jean, XVI, 16/22), concerne, à mon sens, la *Rénovation*. D'abord, voici la traduction des versets 19/22 : « Vous vous demandez les uns aux autres, dit Jésus, ce que j'ai voulu dire par ces paroles : Encore un peu de temps et vous ne me verrez plus, et encore un peu de temps et vous me reverrez. En vérité, en vérité, je vous le dis : Vous pleurerez et vous gémirez, vous autres, et le monde se réjouira ; vous serez dans la tristesse, mais votre tristesse se changera en joie. Une femme, lorsqu'elle enfante, est dans la douleur, parce que son heure est venue ; mais après qu'elle a enfanté un fils, elle ne se souvient plus de tous ses maux, dans la joie qu'elle a d'avoir mis un homme au monde. Vous donc aussi, vous êtes maintenant dans la tristesse ; mais je vous verrai de nouveau, et votre cœur se réjouira et personne ne vous ravira votre joie. »

Jusqu'ici on a appliqué ce passage à la joie que les Apôtres éprouvèrent en revoyant leur divin Maître après sa résurrection, dans les quelques apparitions qu'il leur fit durant l'espace de 40 jours. Sans doute aussi les Apôtres furent heureux, ravis de le voir monter triomphalement au ciel, le jour de l'Ascension. Mais comment expliquer cette promesse : *Personne ne vous ravira votre joie ?* Et pourquoi la comparaison de la femme qui enfante ? La joie des Apôtres a dû cesser avec le départ de Jésus pour le ciel, puisqu'on assure qu'après l'Ascension, la vie de Marie ne fut plus qu'une longue agonie par la séparation de son divin Fils et le désir de le revoir au ciel. Les Apôtres, aux heures de recueillement, ne devaient-ils pas éprouver quelque chose de ce martyre de Marie et s'écrier, mieux encore que la séraphique Thérèse :

« Je me meurs de ne point mourir » ? Par conséquent, Notre-Seigneur a voulu leur dire et en leur personne à toute l'humanité : « Vous me reverrez à mon second avènement (comme l'Eglise l'explique si bien à la fête de l'Ascension) ; alors, ô humanité, *rien ne t'enlèvera ta joie*, vu que je viendrai faire la Rénovation. En attendant, tu ressembleras à la femme qui enfante dans la douleur. »

S. Paul nous le dit lui-même : « Toute créature gémit et se trouve dans les douleurs de l'enfantement en attendant la rédemption de sa chair. » (Rom. VIII, 22/23). Sans la *Rénovation*, cet évangile du IIIe dimanche après Pâques n'est pas clair ; avec elle, au contraire, il devient une magnifique promesse pour l'humanité entière, condamnée à vivre dans les larmes et les douleurs, loin de son Libérateur, jusqu'à son second avènement. Du reste, cette explication inédite trouve sa confirmation dans la seconde prédication de s. Pierre (1). Ensuite, le *Pater* nous fait demander la *Rénovation* par ces paroles : Que votre règne arrive ! La preuve en a été faite dans cette Revue, octobre 1910. Je la complète par cette dernière demande du *Pater* : Délivrez-nous du mal. — De quoi s'agit-il ici ? Nous demandons à être délivrés des maux spirituels et temporels et aussi du *Malin Esprit*, de Satan. C'est l'explication donnée par une foule de SS. Pères et notamment par s. Jean Chrysostome. Eh bien ! Notre-Seigneur nous fait-il demander une chose inutile, après nous avoir enseigné que le démon est le Prince de ce monde, et après que l'on constate que la Rédemption a seulement diminué son empire, son influence, dans les contrées chrétiennes ? Non ! Le Sauveur veut que nous méritions par cette prière et nos vertus la fin du règne de Satan, mais à la Rénovation. Car la *Rénovation* est la résurrection morale du ciel et de la terre, nous dit s. Ambroise, dans la leçon du IIe nocturne du Ve dimanche après Pâques.

Qu'on en juge par le texte latin et sa traduction : « Resurrexit in eo mundus, resurrexit in eo cœlum, resurrexit in eo terra. Erit enim cœlum novum et terra nova. Sibi autem non erat necessaria resurrectio, quem mortis vincula non tenebant ». — En Jésus-Christ le monde est ressuscité ; en lui le ciel est ressuscité, en lui la terre est ressuscitée. Car il y aura un nouveau ciel est une nouvelle terre. La résurrection n'était pas nécessaire à Jésus-Christ qui ne pouvait être lié par les liens de la mort. — Donc, Pâques est la prophétie, l'annonce de la résurrection du ciel et de la terre *matériels*, de la *Rénovation*.

Telle est la pensée évidente de s. Ambroise, parce qu'il n'est que l'écho de la Tradition catholique sur ce point. Elle nous enseigne cette vérité eschatologique en nous apprenant que la fin de ce monde n'en sera pas la destruction, mais un changement de forme en mieux. S. Augustin nous le dit dans la *Cité de Dieu*, ch. XX, livre 24 : « Tout sur la terre sera plus beau et plus admirable. » S. Jérôme, dans son commentaire sur le ch. XXIV de s. Matthieu, écrit que le ciel et la terre passeront par une transformation et non par une destruction. Et à ce propos, il rappelle les passages de l'Ecriture relatifs à cette rénovation, particulièrement Isaie, ch. 51e.

(1) Voir n^e de décembre 1910 du *Pèlerin de Marie*.

S. Grégoire-le-Grand dans ses *Morales*, ch. V, liv. 17, publie que la forme actuelle du ciel et de la terre est passagère et provisoire. C'est en ce sens, ajoute-t-il, que J.-C. a dit : Le ciel et la terre passeront ; et de même s. Paul : La figure de ce monde passera. Enfin, s Thomas lui-même a la même conviction dans son commentaire sur *l'Epître aux Hébreux*. Je m'arrête, sinon cet article deviendrait un volume.

Il résulte de ces quelques citations que la terre, après l'incendie purificateur du dernier jour de la présente humanité, sera au moins aussi belle que l'Eden d'Adam et d'Eve. Or, s'il est de foi que Dieu refera ce monde, le restaurera, le renouvellera, ce n'est pas pour qu'il reste inhabité et non utilisé. Dieu ne fait pas ïnutilement des miracles ni des prophéties ; à plus forte raison, il ne remuera pas le ciel et la terre pour rien. En conséquence, l'univers devant être certainement un jour un immense paradis terrestre, sera la demeure, non des élus ressuscités, mais des rénovés, et le royaume de Jésus-Christ qu'il a si bien mérité en versant son sang ici-bas sur le Calvaire. Oui ! Jésus sera Roi sur la terre renouvelée et pour l'éternité : « *Cujus regni non erit finis.* »

Le R. Père Lepidi, membre du Saint-Office et de l'Index, en sa haute qualité de Maître du sacré Palais, ayant déclaré, le 16 décembre 1912, à S. E. le cardinal-archevêque de Reims, que le *Secret de La Salette* n'a jamais été condamné en tant que texte de Mélanie, je lui enverrai cet article, afin de le remercier publiquement de cette consolation *officielle* qu'il a donnée à ceux que des évêques de France ont persécutés pour ce sujet... Si un texte n'est pas condamné, n'a-t-on pas le droit de l'étudier et de le propager dans une Revue dispensée de *l'Imprimatur* par l'encyclique *Pascendi* ??? De plus, j'aurai pour but de lui faire apprécier l'importance de cette révélation mariale qui, jusqu'à preuve du contraire, est la *Grande Nouvelle* ou si l'on veut l'*Evangile* de Marie.

TOURS.—IMP. P. SALMON, 10, R. GAMBETTA.

TOURS, IMPRIMERIE PAUL SALMON, 10, RUE GAMBETTA